北大
アイヌ・先住民研究センター
叢書

水谷裕佳 ❋ 著

先住民パスクア・ヤキの米国編入
越境と認定

Integration of the Pascua Yaqui into the United States
Border Crossing and the Federal Recognition

Hokkaido University
Center for
Ainu & Indigenous Studies

北海道大学出版会

目　　次

図表目次　iii
凡　　例　v
「話す樹」　vi

序　　章 ……………………………………………………………………… 1

第 1 章　現代のパスクア・ヤキを取り巻く議論 …………………… 5
 1. エスニック・スタディーズおよび米国先住民研究の観点と手法　5
 2. 米国におけるインディアン・トライブ認定制度　7
 3. 米国における個人単位での先住民認定制度　13
 4. ヤキの文化と社会　19
 5. パスクア・ヤキは米国先住民か──1994 年の論争　23
 6. 先住民と米国＝メキシコおよび米国＝カナダ国境　26

第 2 章　メキシコにおけるヤキの反乱と越境の再考 ……………… 39
 1. メキシコにおけるヤキの迫害　39
 2. 迫害期のメキシコ政府によるヤキ政策　43
 3. 米国のメディアにおける迫害期のヤキ像　46
 4. ヤキの米国集団移住の再考　55

第 3 章　米国南西部における観光産業と先住民 …………………… 63
 1. アリゾナ州トゥーソン市の米国編入と開発　63
 2. 米国南西部の開拓と観光産業の振興　67
 3. 先住民の観光資源化　76
 4. 観光産業とヤキの人々の関わり　89

第4章　難民労働者から米国先住民へ……………………………………101

1. アリゾナ州におけるエスニシティ　101
2. ヤキと南西部の労働市場　105
3. ヤキと米国の移民政策　112
4. アメリカ・インディアン運動との連動　119
5. 汎インディアン意識の広まり　128
6. ニューエイジ運動によるヤキ・イメージの創造　135

第5章　先住民認定後のパスクア・ヤキ社会……………………………147

1. 保留地を基盤としたトライブ運営と現在の暮らし　147
2. 誰がパスクア・ヤキに属するのか――個人認定と語りを巡って　151
3. パスクア・ヤキと米国の人々の関係性　155
4. パスクア・ヤキと，パスクア・ヤキ研究の展望　158

終　　章…………………………………………………………………………163

年　表　171

付録1　インディアン再組織法の概要　173

付録2　パスクア・ヤキ・トライブ憲法の概要　182

付録3　パスクア・ヤキ・トライブ憲法(改正中)取締規則第7部
　　　　：研究に関する事項　198

文献一覧　209

あとがき　225

索　引　227

原語表記一覧　229

図表目次

図 1-1　現在の米国からメキシコ北部の地図　19
図 1-2　ヤキ居住地図　20
図 1-3　南西部の古代先住民文化　21
図 1-4　鹿の踊り(左)と仮面の踊り(右)を模った蠟人形による展示　22
図 1-5　トオノ・オータム保留地　26
図 1-6　キカプー居住地図　28

図 2-1　ヤキ銅山会社，社章　56
図 2-2　20世紀初頭に撮影されたヤキ男性　56

図 3-1　米国の領土拡張　64
図 3-2　サザン・パシフィック路線　65
図 3-3　ロック・アイランド鉄道のパンフレット　69
図 3-4　ミュージカル「沙漠の花園」のパンフレット　69
図 3-5　「アリゾナ──アメリカのエジプト」の表紙　72
図 3-6　1894年サンフランシスコ冬季万国博覧会におけるヤキの「展示」　73
図 3-7　連邦作家計画の撮影した写真　79
図 3-8　連邦作家計画の撮影した写真　79
図 3-9　連邦作家計画の撮影した写真　80
図 3-10　連邦作家計画の撮影した写真　80
図 3-11　トゥーソン市観光協会が発行したパンフレット　83
図 3-12　サン・シャビエール・デル・バック　84
図 3-13　オールド・トゥーソン地図　85
図 3-14　オールド・トゥーソンのパンフレットに掲載された「典型的なインディアン」とカウボーイ　86
図 3-15　サン・シャビエール・デル・バックへのツアーのパンフレット　87
表 3-1　アリゾナ州トゥーソンのパスクア集落移転に向けた土地の請願書概要　90
図 3-16　現在のトゥマカコリ国立歴史公園　92
図 3-17　トゥマカコリ国立歴史公園に残された教会跡　92
図 3-18　米国内務省国立公園庁南西部モニュメント局の紋章　94

図 4-1　米国(アラスカを除く)の先住民居住地図　104
表 4-1　アリゾナの先住民人口と，米国先住民および米国の人口の推移　105
図 4-2　フーバーダム建設に従事した先住民労働者(ヤキ1名，クロー1名，ナバホ1名，アパッチ6名)　106
表 4-2　米国の難民，政治的亡命者，メキシコからの移民に関する主な政策の変化　113

図 4-3　ヤキの教会を利用した学校　　118
図 4-4　「新しいパスクア，新しい希望」(アリゾナにおけるヤキ集落建設の様子が示されている。)　　123
図 4-5　ヤキについての風刺画　　133

図 5-1　オールド・パスクアの集会場に飾られた史跡認定を示す標識　　150
図 5-2　『トカゲのボブ』　　152
図 5-3　ラミレス家の移動のルート　　154

凡　　例

- 現在は，米国先住民の人々を，敬意を込めてネイティブ・アメリカン(Native American)と呼ぶことが社会的に望ましいとされる傾向がある。本書では，インディアン(Indian)，もしくは，アメリカ・インディアン(American Indian)という用語は，原文に使用されている場合のみ，それらをそのまま表記する。なお，法律関連の文書においては，現在でもインディアンという用語が差別用語としてではなく使用されていることを併記しておきたい。

- トライブ(tribe)やバンド(band)には，それぞれ「族」や「部族」という訳が当てられることがあるが，第1に，日本語の「族」や「部族」という用語には，差別的な意味が込められているという指摘(スチュアート 2002: 80-83)があるため，第2に，米国政府の定めるトライブやバンドの定義が，研究上の定義と異なる場合があるため，本書ではカタカナ標記で統一する。

- インディアン・トライブとは，米国に居住する先住民族のうち，米国政府に認定され，主権を与えられた集団である。ただし，インディアン・トライブに与えられた主権は限定的なもので，通常の国民国家が持つ主権とは異なる。

- ヤキとは，米国とメキシコの両国に居住する先住民族である。

- パスクア・ヤキとは，米国に居住するヤキの一部によって形成され，米国政府に認定されたインディアン・トライブである。

- 主流社会とは，米国内の先住民族(政府によって未認定の人々も含む)と対比して用いられる，ヨーロッパ系の入植者を中心とした人々を指す dominant society という用語の本書における訳である。この用語は本文中で紹介される米国の先住民研究分野において多用されるが，誰がこの概念の範疇に入るのかという点について，定まった定義はなされていない。また，dominant society という用語は，支配社会とも訳されうる。

- 引用文中の括弧内は筆者によって加えられたものである。

- 本書出版に関しては，パスクア・ヤキ・トライブによって研究や執筆がトライブの定める倫理規定に則っているとの承認を得ている。

「話す樹」

昔，小さく平和な人々，スーレム[1]がいました。

スーレムは，父なる太陽，アチャイ・タアッア[2]のために働き，
暮らしていました。

ある日スーレムは，村の中心にある樹が，
蜂の飛ぶ音に似た，うなる音を立てていることに気付きました。
しかし誰もその樹の言葉を理解することができなかったのです。

そこで，ヨムムリ[3]という女性の精霊が，
樹の言葉をスーレムに訳すことになりました。
ヨムムリは言いました。
変わった人たちがやって来てスーレムは違う言葉を話すようになり，
石の家にひざまずき，鉄のヘビが地面を走る時代がやってくると。
ヨムムリの言葉にスーレムは恐れおののき，言いました。
「あまりにもひどい！ トウモロコシと月から創られたこの女！
大地が発する柔らかな赤い光で創られたこの女！」

そして，スーレムの中のある者は砂漠に逃げて小さな黒い蟻になり，
ある者は海に逃げてイルカや鯨となりました。
ですから，スーレムの子孫であるヤキが砂漠で迷っても蟻が助けてくれます。
海で迷ってもイルカや鯨が助けてくれます。
みんな昔は同じスーレムだったので，帰り道を覚えているのです。

ヨムムリは人々が彼女の言葉を信じなかったことに悲しみました。「北に行きます」と彼女は言い，お気に入りの川を地面から剝がし，くるくると丸めて脇に抱え，スーレムの元から去りました。

ヨムムリを信じて村に残ったスーレムの体は少しずつ大きくなり，ヤキ[4]の祖先となりました。[5]

——ヤキの創世神話

1) 単数形はスーレ。
2) ヤキ語で，アチャイは「父」，タアッアは「太陽」を指す。
3) ヨムムリの性別や年齢については諸説あり，双子の子供だったという説も存在する。
4) またはヨエメ，ヒアキ。
5) Endrezze 2000; Pandilla 1998; Giddings 1959 を参考として，水谷 2006: 7 に翻訳掲載。一部改訂。

序　　章

　ヤキの創世神話である「話す樹[1]」によると，ヤキの歴史は話す樹の予言によって始まった。スーレムが「父なる太陽」のために働いていた平和な土地には，現在，アメリカ合衆国(以下米国)とメキシコの国境線が引かれ，ヤキの人々は国境の両側に住んでいる。本書は，「パスクア・ヤキ[2]」と呼ばれる，米国側のアリゾナ州を中心に居住するヤキの人々が法的，社会的，文化的に米国先住民という枠組みに編入されていく過程について，米国先住民研究の観点から述べようとするものである。

　まず，本書を書くきっかけとなった出来事を紹介したい。筆者がパスクア・ヤキの人々の元に通い，彼らの社会について調査を始めたのは2003年であった。その当時，まだ日本に米国のヤキのみに特化した文献がなかったため，様々な英語およびスペイン語の資料を読み，聞き取りを行った上で2005年に修士論文をまとめ，追加調査や改訂を経て2006年にモノグラフとして出版した。その過程で不思議に思ったことがあった。それは，パスクア・ヤキの米国先住民認定の理由や経緯，そして認定のヤキ社会への影響についてパスクア・ヤキの人々に尋ねると，「知らない」，「分からない」といった答えばかり返ってきたことであった。

　パスクア・ヤキの人々が，現在の保留地である土地の獲得や，米国先住民トライブとしての認定に至るまでの法整備を，自らにとって重要なものであると考えていることは間違いない。例えば，パスクア・ヤキ・トライブ政府によって支援されている非営利財団のヨエメン・テキア財団は，パスクア・ヤキの文化や歴史の保存に努め，小さな博物館を運営している。その博物館

には，米国政府とパスクア・ヤキの間で交わされた文書がガラスケースに入れて大切に保管され，展示されている。

「知らない」，「分からない」といったような答えが返ってきた理由の一部としては，トライブとしての認定が取り消されるかもしれなかった1994年の騒動(後述)を受けて，トライブの認定に関する話題を避けたいと考えた人々が，そのように回答したことが指摘できよう。また，認定には様々な法や政治的な動きが関わるため，難解すぎて理解できない人々がいたことが予想できる。単純にこのような話題に興味がない人々もいたと考えられる。しかしこのような人々の他に，できれば知りたいがどうして認定が起こったのか分からない，もしくは，詳細について聞く機会がこれまでなかった，という人々も見受けられた。

つまり，パスクア・ヤキの人々の中には，自らの歴史の重要な一角を成す米国先住民認定について語れない人々が存在するのである。特に先住民関連の事項について，当事者の人々が自らの歴史や社会を語ることは，現在のエスニック・スタディーズや文化人類学分野で重要視されている。どうしたら，彼らが自らの先住民認定について語るための助けとなれるだろうか，と考えたところ，認定に関する私なりの考察を示してみたいという結論に至った。そして，パスクア・ヤキの先住民認定を2005年以降の研究テーマとすることにした。なぜなら，もちろん筆者である私はパスクア・ヤキの一員ではないが，外部者として私が考えるパスクア・ヤキ認定の背景を提示することが，彼らの社会内でこの事項への関心を高め，議論のきっかけとなると考えたからである。同時に，調査に使用する資料の一部は，「学生」もしくは「研究者」という社会的立場でないと入手できないものも多く，少なくともそれらの存在について，パスクア・ヤキの人々自身に知らせたいと考えたことも，このテーマを選ぶ理由となった。

本書の構成は，以下の通りとなっている。

第1章では，本書を読み進めるにあたっての基礎知識となる事項を解説している。具体的には，ヤキという人々の紹介や，パスクア・ヤキ・トライブという集団の説明，さらに米国における研究の動向を記した。第2章では，

米国にヤキの集団移住が起こる以前に，ヤキの人々が米国においてどのように認識されていたかを，メディアでの報道を通じて考察した。第3章では，移住先の米国において，ヤキの人々が他者からの働きかけによって観光産業に参加することになった過程と，その影響を記述した。また，第4章ではヤキの人々が米国の賃金労働に参加する一方で，先住民権利獲得運動の影響を受ける様子を概観し，第5章では現在のパスクア・ヤキ・トライブに関するトピックを取り上げた。

1) ヤキ語で，クタノカメ。クタは「棒，柱」，ノクは「話す」，アメは「〜の」を指す。
2) パスクアはスペイン語で「キリスト教の復活祭」。

第1章　現代のパスクア・ヤキを取り巻く議論

　パスクア・ヤキとはどのような人々で，彼らを巡ってどのような議論がなされているのだろうか。本章では，簡単にパスクア・ヤキを紹介すると共に，後の議論の基となる米国における先住民に関する学術分野や法律を概観し，パスクア・ヤキの国境との特殊な関係性や，米国の法律との関わりについて解説する。

1. エスニック・スタディーズおよび米国先住民研究の観点と手法

　本書の基となる筆者の博士論文(2009年，上智大学外国語学研究科地域研究専攻に提出)は，カリフォルニア大学バークレー校のエスニック・スタディーズ研究科において行った，2006年6月から2009年5月までの在外研究中に執筆された。同校エスニック・スタディーズ研究科には，大学院にはエスニシティ比較研究専攻，学部にはアジア系米国人研究プログラム，メキシコ系米国人研究プログラムと並んで，米国先住民研究プログラムの3つが設置されている。筆者は，同校で学んだ米国先住民研究の観点と手法を用いて研究を行った。日本では聞き慣れない学術分野である「エスニック・スタディーズ」および「米国先住民研究」の観点と手法について，以下に簡潔に説明しておきたい。
　一言でいえば，エスニック・スタディーズも，その一部を構成する米国先住民研究も，既存の学問領域に囚われず，学際的な研究を目指している。社

会学の観点からエスニック・スタディーズの研究に携わるヤンによれば，エスニック・スタディーズは，ヨーロッパ系入植者を中心として強い政治力や経済力を持つ「米国白人社会」に属さない民族的少数者(米国先住民，アフリカ系米国人，ラテンアメリカ系米国人，アジア系米国人など)に着目しながら，学際的(人文社会科学諸分野，芸術，医療・福祉，公共政策など)な観点で行う研究である。[1] 同分野の多くの研究者は，エスニシティの形成過程，民族集団間のつながり，政治と民族の関わり，民族的偏見やステレオタイプ，民族差別といった課題に取り組んでいる。[2] また，エスニック・スタディーズにおいて伝統的な研究方法は，(1)フィールド調査と民族誌の執筆，(2)心理学的実験，(3)数量的調査，(4)出版物の内容分析である。[3] このような視点や手法は，日本の地域研究の視点とも共通するものである。米国のエスニック・スタディーズと日本における地域研究が共通して客体化し，批判しようとしているのは，国民国家制度の主流に位置し，社会的，経済的その他の面で恵まれた人々の視点が，あたかもその社会から疎外されている人々にも共有されているかのような錯覚を与える語りを生み出しているという事実であるように見受けられる。20世紀後半になるまで，エスニック的少数者に属し，周縁化された人々は，実社会のみならず研究分野でも端に追いやられてきた。しかし，例えば米国のエスニック・スタディーズや日本における地域研究のような新たな領域は，そのような国内外の課題を克服し，世界を違う方法で考察しようと試みてきた。[4]

　1990年代までに，米国の高等教育機関には800を超えるエスニック・スタディーズの学部や研究科が設立された。その中でも1969年に設立されたカリフォルニア大学バークレー校のエスニック・スタディーズ学部・研究科は，サンフランシスコ州立大学のものと並んで，真っ先に設立されたプログラムとして知られている。[5] カリフォルニア大学バークレー校では，1969年に主に民族的少数者の学生によって組織された「第三世界解放戦線」という団体が，これまで学術領域で重要視されてこなかった，アフリカ系米国人，アジア系米国人，メキシコ系米国人そして米国先住民の歴史と現状に関する学術研究組織である「第三世界学部」を設立するよう大学に訴えた。[6] 同時

期には，先住民の権利獲得運動である米国インディアン運動の一環として，上記2校にほど近い，サンフランシスコ沖合のアルカトラズ島が，米国先住民によって占拠された。[7] この事件も，上記2大学におけるエスニック・スタディーズ学部・研究科の設立に密接に関わった。このように，エスニック・スタディーズ学部・研究科は政治的な動きを背景として設立されながらも，政治活動家育成機関ではなく，エスニシティについて研究する教育研究部門として機能している。

エスニック・スタディーズの諸分野の中で，米国先住民研究独自の特色も存在する。そのいくつかを挙げてみたい。第1に，そもそも米国先住民という枠組みに入る人々が，個人レベルで先住民文化の一端を体現する人々であったり，生物学的な血縁でつながっている人々であったり，または先住民に関する法の規定に合致する人々を意味するなど，それぞれの文脈によって異なっていることを認識した上で研究を行おうとする点である。第2に，先住民を，西部劇に出てくるような単純なステレオタイプに沿って描くことも，入植者に迫害された単なる被害者として描くこともせず，彼らの多面性や彼らを取り巻く複雑な事情を明らかにしようとする点である。そして最後に，現在の米国におけるトライブが持つ政治的主権や民族としての自決権を尊重する点である。[8]

本書に関わるデータ収集には，上に述べたようなエスニック・スタディーズおよび米国先住民研究の観点と手法の中から，(1)歴史的資料の分析，(2)法に関連する資料の分析，および(3)文化人類学的フィールド調査を用いた（なお，インタビューなどを直接引用している人物に対しては，出版に際して事前に許可を得た）。

2. 米国におけるインディアン・トライブ認定制度

次に，米国における先住民と政府の制定する法の関わりの中で，トライブという集団としての認定について解説したい。米国では，個人や集団が自ら先住民であるというアイデンティティを自由に主張することができる。例え

ば，国勢調査の人種およびエスニシティに関する質問は，自己申告となっている。

しかしながら，集団として，米国政府の管轄下にありながらも限定的な主権(外交権などは含まれない)を持つ「トライブ」という独自の立場で，同じく主権を持つ米国政府と「国家対国家」として対話を行うには，米国政府に認定を受ける必要がある。そして，認定されたトライブは，自らの集団の構成員が誰であるのか規定することができる。トライブの構成員として認定された人々は，トライブの提供するサービスを受けることができるようになる。

通常，トライブとして認定を受けた集団は，米国政府との対話の窓口となるトライブ政府を設立し，トライブ独自の憲法を制定する。そして，トライブ政府は保留地と呼ばれる土地を得た上で，トライブ内の司法，行政，立法を司り，場合によっては医療，教育，商業施設等も運営する。なお，同一の先住民族でありながら，内部の異なる集団がそれぞれ別のトライブとして政府に認定を受けることも可能である。例えばオジブエ(別称チペワ，アニシナベ)の人々は，同一の文化的アイデンティティを持ちながら，米国政府によっては，ミネソタ・チペワ・トライブ，タートル・マウンテン・バンド・オブ・チペワ・インディアン，サギノー・チペワ・インディアン・トライブ・オブ・ミシガンなど，複数のトライブに分かれて認定されている。なお，オジブエの人々は，米国＝カナダ国境の両側に居住し，カナダ政府によっても複数の集団(カナダにおいてはファースト・ネーションと呼ばれる)として認定されている。パスクア・ヤキの場合においても同様に，国境の米国側に居住するヤキの一部が同トライブとして認定を受けたのであり，米国政府によって認定されていないヤキの集団は他にも存在する。

米国におけるトライブの認定制度は，1934年のインディアン再組織法(ウィーラー・ハワード法，またはインディアン・ニューディールとも呼ばれる)の施行によって始まった。2011年時点で，米国には565を超える米国政府認定トライブが存在する。一方，請願書を提出したが未だに認定を受けられずにいる先住民集団も別に350程存在する。[9] 請願書をまだ提出していない集団も

含めると，その数はさらに増えると予想される。

　インディアン再組織法以前の先住民と米国政府の関係は，1887年制定のインディアン一般土地割当法(ドーズ法とも呼ばれる)によって定められていた。インディアン一般土地割当法によって，先住民の個人には分割された保留地が与えられるようになった。このような政策によって，それまで1つの大きな土地であった先住民保留地は小さな区画に区切られた。さらに，断片化された土地の一部には先住民以外の人々が居住することとなり，先住民社会の中に対立や問題をもたらした。そもそもインディアン一般土地割当法は，先住民は主流社会への「同化」によって次第に消滅するものであり，先住民は米国社会や経済に組み込まれるべきであるとの考えに基づいて制定された。[10] パスクア・ヤキは同法による保留地の断片化が進んだ時期にまだ保留地を持っていなかったため，米国内においては土地や集落の細分化を体験することはなかった。

　他に米国の先住民に関して重要な法律として，市民権に関わる事項が挙げられる。米国先住民が他のエスニシティを持つ人々と同様に米国市民として扱われるようになったのは，ちょうどインディアン一般土地割当法とインディアン再組織法の間の時期にあたる，1924年のインディアン市民権法の制定時であった。[11] 1924年まで，米国先住民は，通常の米国市民とは法的に異なる存在であるインディアンとして扱われていたのである。しかし，第一次世界大戦の退役軍人である先住民に市民権を与えられたところ，全先住民人口の3分の2程が米国市民となった。それがきっかけとなって，米国議会において先住民全員への市民権付与の動きが高まり，インディアン市民権法が定められ，米国先住民全員が米国市民となった。[12]

　また，インディアン再組織法は，一般にニューディール期[13]と呼ばれる1930年代の大きな政策変化の一環であった。同時期にあたる1933年から1945年にわたって内務省インディアン局の局長を務めたコリアは，先住民政策に画期的な変化をもたらした人物として，米国で広く知られている。コリアの特に有名な功績としては，一般に「メリアム報告書」とも呼ばれる「インディアン局の問題」という報告書の提出に携わったことと，1880年代

(インディアン一般土地割当法の時期)からの米国先住民政策を批判したことである。さらにコリアは，(1)インディアン社会の存続，(2)インディアン社会への法的地位，責任，政治力の付与，(3)インディアンへの土地の付与，(4)インディアン文化の尊重と宗教の自由，(5)インディアンが自由を手にするための教育，(6)民主主義に基づいたインディアン社会の多様性の重視，(7)インディアンについての研究促進，の7項目を，理念として掲げた。[14] これらの理念を通じて，コリアは，文化的多様性尊重の大切さを強調し，先住民同化政策の見直し，そして先住民の主権の確立を目指し，インディアン局の改革を進めた。[15]

インディアン再組織法制定以前は，米国政府と各先住民族の間には民族ごとに異なった条約が締結され，条約締結が集団としての先住民の「認定」であると捉えられていた。そして，それぞれの条約に基づいて各先住民族の権利が定められていた。1934年にインディアン再組織法を施行するにあたって，インディアン局は，それまでに条約を締結していた先住民族を(1)「認定された」民族，(2)1934年の時点で保留地に住んでおり，かつ認定された民族の子孫，(3)上記に当てはまらないが先住民としての血統を半分以上持つ人々，の3つに分類した。そして，それらの3つのタイプの集団が(1)同じ，もしくは類似した先住民族で構成されており，(2)単独の政治的リーダーもしくは集団によって統治されていて，(3)同じ土地に継続して居住する場合，トライブと規定することにした。これらの条件は，当時認定に関わった法律家であったフェリックス・コーヘンの名を取って「コーヘン基準」と呼ばれている。[16]

インディアン再組織法施行後も，様々な事情により，各インディアン・トライブの持つ権利の一部(例えば地下資源の所有に関する権利や，漁業権など)は異なっている上，全てのトライブが同じように組織されているわけではない。しかしながら，インディアン再組織法は，現在，先住民族がトライブとして在る姿の大枠を示すものとなっている。

トライブ認定の基準

トライブとして認定されるには，米国政府の定める基準を満たし，米国内務省インディアン局トライブ認定室に申請を行う必要がある。その基準は，1978年に一度変更されており，現在以下の7つの項目が設定されている。以下は内務省インディアン局トライブ認定室によって発行された資料の翻訳である。

(1) 申請代表者は，1900年から事実上継続的にアメリカ・インディアンであると認識されていること。
(2) 申請を行う集団の大半の人々が(一般の米国人とは文化的，社会的に)異なる集落を構成し，集落として歴史的な時代から現在まで存続していること。
(3) 申請代表者はその集団の構成員に政治的な影響力もしくは権威を維持し，歴史的な時代から現在まで集団が自治組織を形成していること。
(4) 現在その集団を統治している組織の構成員認定基準を示す書類を提出すること。もしも文書化された書類がない場合，申請代表者が民族構成員認定基準および現在の統治の手順について述べた書類を提出すること。
(5) 申請代表者の民族構成員が，歴史的な1つのインディアン・トライブ，もしくは複数のインディアン・トライブの集合体から成る単一の政治組織の子孫で成っていること。
(6) 申請集団が，北米のインディアンとして認識されている他のトライブの構成員以外が中心となって構成されていること。
(7) 申請代表者や民族構成員が，米国議会の法令上明らかに消滅している，または米国政府との関係性が断たれている先住民族でないこと。[17]

この資料からは，政府によるトライブ認定の基準では，トライブとしての認定前に，すでに先住民の集団に対して「トライブ」という単語が使われていることが分かる。即ち，認定前の集団について米国政府が「トライブ」と

いう単語を用いる場合は，構成員がどのような人々であるのか(ある先住民族の一部なのか，それとも全員なのか，もしも民族の一部であるならばその民族の中でどのような位置にあるのかなど)を問わずに，先住民の集団であることを指している。しかし，それらの集団は，認定を受けた後に，主権の保持，トライブ政府の設置，保留地の獲得など，米国政府の規定する権利を持った，ある種均一な集団となるのである。個人的には，認定以前の先住民の集団にはトライブ以外の用語を用いた方が，一般の人々にとっては分かりやすいのでないかと思う。

また，トライブ認定の基準には「事実上継続的に」「大半の」など，客観的に事実を示すことが難しい曖昧な言葉が含まれていることが分かる。その背景には，トライブ認定が常にケース・バイ・ケースであるために，法律が杓子定規ではなく，柔軟性を備えた現実的な枠組みでなくてはならない現状が存在すると考えられる。しかしながら，これらの用語についてもその意味に関してある程度の定義を行う必要性があろう。

同じように文章に含まれる「歴史的」という言い回しも曖昧であるが，この用語に限っては別の資料によって次のように定められている。

　　次に示す両者の間に，早い時期の接触があったこと。
　　(1)請願者の祖先であるインディアン。
　　(2)米国の市民もしくは官僚，植民政府，領土の政府。さらに，米国が領土を獲得した地域の場合は，他の国の市民もしくは政府の官僚。[18]

つまり，現在の米国に進出したヨーロッパ諸国の政府との接触が文書に記録されている場合に，先住民族が歴史的だと考えられているのである。現在，米国で広く使われている言語は英語であり，米国に到来した国家が英国のみであると想像しがちであるが，スペインやフランスも現在の米国領に進出した経緯があり，これらの政府との接触も「歴史的」という表現に含まれている。

上記の項目がトライブとしての認定基準として設定されたのは 1978 年 6

月1日で，実際には1978年秋頃から厳格に施行されるようになった。[19)] また，本書で取り上げるパスクア・ヤキの認定はその直後の1978年9月18日に起こった。つまり，1978年の6月1日から秋までの時期は認定基準の移行期にあたり，事実上はまだ米国が各先住民族と独自に条約を締結する形で認定が行われていたのである。つまり，パスクア・ヤキは米国議会での審議を通じて認定を得た最後のトライブであるといえる。そのため，米国議会ではパスクア・ヤキについて，(1)インディアン再組織法制定の1934年以降，その集団が先住民と認められている事実があるか，(2)民族の中に，政治力や権威が長い間存在した証拠があるか，という2点に絞って審議が行われた。[20)]

3. 米国における個人単位での先住民認定制度

　先に述べた通り，集団としての先住民認定に加えて，米国では，個人としても先住民であるとの認定を受けなくてはならない。どの個人が先住民であるのか，またはそうでないのか，という問題は，頻繁に議論される。現在，米国先住民の個人認定の方法は各トライブ政府に一任されている。しかしながら，1887年のインディアン一般土地割当法以降，米国政府は血統の割合による認定方法を間接的に推進し，[21)] 結果として，トライブ政府の多くは血統の割合を個人認定の基準に取り入れている。そのため，インディアンとして同じ血統の割合を持って生まれた人が複数存在したとして，そのうち一部の人々はトライブの構成員となることができるが，一部は構成員とは認められない。ただし，血統の割合を問わないトライブも存在する。

　上に述べたように，構成員としての認定方法はトライブによって異なるが，構成員認定基準の大まかな傾向は存在する。ゴールドバーグは，米国先住民の個人認定で重視される要素を以下のようにまとめた。

　　(1)出生地がどこか
　　(2)トライブの基礎名簿に記載された人物との間に血縁関係があるか

(3)ある1つのトライブの血統の度合いについて，十分な比率を満たしているか

(4)複数の異なるトライブを含めた血統の度合いに関して(祖先に異なるトライブに所属する複数のインディアンが存在する場合)，全部を足した場合に十分な比率を満たしているか

(5)養子縁組，帰化の有無

(6)複数のトライブに帰属していないか

(7)近い将来，トライブの認定基準に加わり得る項目と関わりを持つかどうか[22]

　アメリカ・インディアンの枠組みに入る人々は，複数の先住民トライブの血統を有していても(例えば父方の祖母がパスクア・ヤキで，母方の祖父がトオノ・オータムなど)個人として1つのトライブにしか所属することができない。(上に挙げた例の場合，その個人がパスクア・ヤキに所属すればトオノ・オータムへの所属は放棄したと見なされる。ただし，その個人が所属変更を希望し，トライブによって認められた場合，パスクア・ヤキへの所属を放棄し，トオノ・オータムの構成員資格を得ることもできる。)

　そのため，どのトライブの構成員となるかについて，米国先住民の人々は極めて生存戦略的に判断する。祖先の所属するトライブが違う場合，トライブの社会サービスや経済支援を比較して，福利厚生が手厚いトライブに子供を所属させるケースは少なくない。そのため，自らの所属するトライブ以外の保留地で育った人々や，複数の血統の割合の中で最も少ない比率のトライブに所属する人々も多く見受けられる。

血統の度合い証明書

　一方，米国政府を含むトライブ政府以外の主体がそれぞれ異なった基準で審査を行い，あるケースではインディアンでないとされた人々が，違うケースではインディアンとして認められるケースもある。例えば，教育，医療等の支援が行われる場合，政府の機関や非営利団体等は，申請者がそのケース

においてインディアンとして見なされることが妥当かどうか判断する。

　上記のように，ケース毎にインディアンとして見なされる条件が異なる場合があるものの，米国政府内務省インディアン局が発行する「インディアンもしくはアラスカ先住民としての血統の度合い証明書(以下度合い証明書)」は，その個人がインディアンであることを示す書類として最も広く使われている。以下は，度合い証明書の申請に関するガイドラインにおける主要な部分の概要である。

　　(1)申請者は，インディアン国勢調査名簿[23]，トライブの基礎名簿，インディアン裁判基金分配名簿[24]（以下分配名簿），もしくは特別に受理された書類によって，インディアンの祖先とのつながりを示すこと。
　　(2)申請者のインディアンの血統の度合いは，分配名簿もしくは特別に受理された書類に記載されたインディアンの祖先から算出すること。
　　(3)申請者は，度合い証明書の申請書に挙げられた全ての女性の旧姓を示すこと。
　　(4)申請者は，出生証明書などの写しを提出すること。
　　(5)もしくは，親や祖父母の出生証明か死亡証明の写し，または彼らの分配名簿によって，血縁があることを示すこと。
　　(6)出生証明，出生遅延証明[25]，死亡証明の有効なコピーは，その個人が出生または死亡した場所の州保健省もしくは州人口動態調査局，またはトライブの動態調査室[26]から得ること。
　　(7)養子縁組をしている場合は，実親のインディアンの血統の度合いを示すこと。[27]

　一般的に，トライブによる個人認定では，求められた血統の割合を下回った人々の登録は却下される。即ち，登録申請の結果は「イエス」か「ノー」しか存在しない。ところが，度合い証明書は，その個人とインディアンの祖先がどの程度の血縁を有するのかを示す書類である。（たとえそれが1％であったとしても，である。）そのため，発行にあたって一定の血統の割合を満たす必

要はなく，誰でも申請できる。ただし，申請によって得られた書類が実際に何らかの場面で役に立つのか，それとも自らの祖先について知るという個人的な満足に留まるのかは，ケースによって異なる。度合い証明書の申請は，通常トライブ政府を通じて行われる。さらに，度合い証明書は，申請を依頼するトライブとしての血統の割合のみではなく，トライブを超えたアメリカ・インディアンとしての血統の割合についての証明ともなる。

このように，血統の割合は政治的に大変重要な概念である。しかしながら，誤解されがちなのは，米国におけるインディアンの血統の割合は，生物学的にインディアンであることの証明ではなく，社会的な枠組みにおいてインディアンであることを示すものである。なぜなら，トライブの基礎名簿で「血統が100%」とされた人々は，あくまでもその作成時点で登録された人々を指すからである。名簿に記載された人々の祖先がどこまで遡っても同一の先住民族を出自とするかどうか，何らかの事情で名簿作成時に登録されなかった人々が存在するかどうか，といった疑問は，考慮されないのである。そもそも，ある先住民族が具体的に何年からその民族として集団を成したのか特定すること自体が不可能である。その上，入植者がアメリカ大陸に到来する以前にも民族間の婚姻や民族の差異を超えた養子縁組は起こっていた。異なる民族出身の人物が儀礼の重要な地位に就く事例があることも，先住民の人々自身が社会的な人々のつながりに重要性を見出してきた点を裏付けている。

また，トライブの基礎名簿そのものが「血」のみに捉われていない場合もある。例えばチェロキーの人々は，米国主流社会の人々と同様に，過去に奴隷を所有していた。チェロキーの人々によって所有されていた人々は，奴隷解放宣言によって自由の身となった後にチェロキーの構成員として数えられることになった。そのため，チェロキーの構成員には，現在に至るまで，アフリカ系の人々(チェロキー解放奴隷)が含まれている。チェロキー解放奴隷の事例は，血統による認定にも曖昧な点が多々あり，認定する主体によってその基準が様々であることを示す具体例の1つである。

他の基準──奨学金申請とインディアン衛生局の場合

　先に示した通り，度合い証明書は，政府が先住民に対して提供する社会的サービスの受給資格を規定するにあたって広く使われている。しかし，血統の度合いさえあれば，自動的に何らかの利益を享受できるわけではない。例えば，1921年発効のスナイダー法に基づいた，インディアン局による米国先住民向けの奨学金制度の申請，受給資格は，大まかに次のように定められている。

　　申請資格
　(1)アメリカ・インディアン・トライブの構成員であるか，インディアン局を通じて米国政府によって提供されるプログラムの対象となるインディアン・トライブの血統の度合いを4分の1以上持つこと。
　(2)認可された大学もしくは短期大学に合格していること。
　(3)それらの機関の奨学金担当者によって，経済的な状況が奨学金の申請に妥当であると判断されていること。[28]

　即ち，この奨学金制度の場合，(1)度合い証明書を持ち，(2)トライブの構成員であり，(3)認可された学術機関に合格し，(4)経済的に困窮している，という4つの条件全てに該当する場合に限って，給付の対象となるのである。

　他の例として，米国先住民に特化した保健サービスを提供している保健社会福祉省インディアン衛生局による個人認定の基準の概要は，以下の通りである。

　　他の法律に抵触していない場合，インディアンの人々は，インディアン衛生局のプログラムの対象者となる。対象者は，以下の要素によって，インディアンもしくはアラスカ先住民のどちらかもしくは両方の子孫であることを示さなくてはならない。
　(1)その個人が住むコミュニティ(地理的なまとまりなのか，民族としてのまとまりなのか，文中では定義されていない)の中でインディアンもしくはアラ

スカ先住民であると見なされていること。
(2)連邦政府の管理下にあるインディアンもしくはアラスカ先住民トライブもしくは集団の構成員であること。
(3)非課税の土地に居住するか，法的に規制のある不動産を持つこと(即ち保留地内に居住していること)。
(4)トライブの活動に活発に参加していること。
(5)他の正当な要素によってインディアンの子孫であることを証明すること。その個人がカナダかメキシコの出自である場合は，その集団がインディアン衛生局のサービスの対象となっていること。[29]
(6)インディアンでない女性で，サービスの対象者となりうるインディアンの子を妊娠した場合，妊娠中から，出産後通常6週間であること。
(7)インディアンの世帯におけるインディアンでない個人で，責任を持つ医官が，その個人に医療サービスを提供することが公衆衛生を管理するのに必要であると判断する場合。[30]

　このように，インディアン衛生局の基準の場合，奨学金の場合よりも広い範囲の人々がサービスを享受する対象となりうる。そしてインディアン衛生局の基準で興味深いのは，非インディアンの個人によってインディアンの人々に公衆衛生的な危害が及びうる場合や，インディアンの子を妊娠している場合には，その非インディアンの個人にもサービスが提供される点である。つまり，インディアン衛生局のサービスは，本来は直接的にインディアンの人々に提供されるものであるが，間接的にもインディアンの人々を支援するべく，インディアン以外の人々もサービス対象に含めているのである。
　これまでに述べてきたような事例は，「インディアン」という枠組みが，場面に応じて異なる範囲の人々をカバーすることを示している。簡単にまとめれば，米国先住民という概念は，大変複雑な要素の下に成り立っている上，場合によっては概念自体が柔軟に理解されているのである。

第 1 章　現代のパスクア・ヤキを取り巻く議論　　19

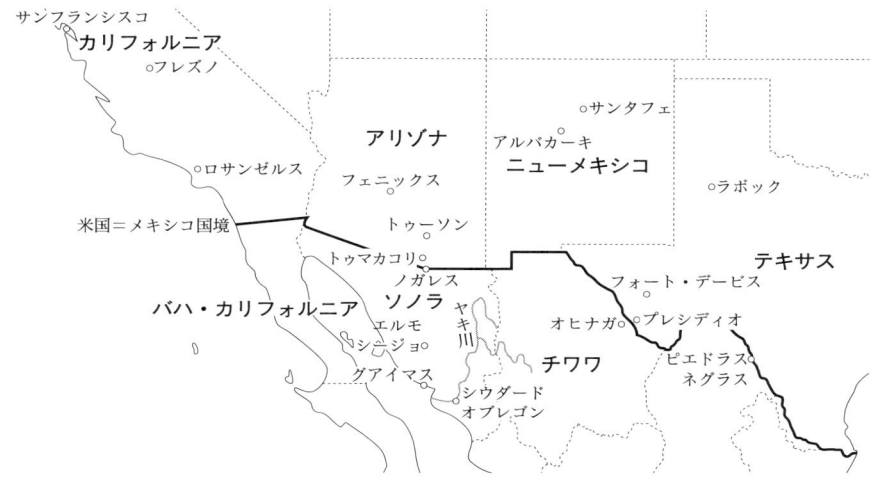

図 1-1　現在の米国からメキシコ北部の地図

4. ヤキの文化と社会

　米国に多数存在する先住民族の中から，本書ではヤキの人々についての事例を取り上げている。ヤキの人々独自の言語であるヤキ語は，言語学分類的にはユト・アステカ語族[31]に分類される。創世神話上のヤキの祖先はスーレムと呼ばれている人々であるが，考古学上の祖先は，現在のアリゾナ州を中心に栄えた古代文化のホホカム[32]の人々であるとされている。

　ホホカム文化を含めて，現在のアリゾナ州を中心とした米国南西部には，ヨーロッパからの入植者が新大陸にやって来るはるか昔から様々な先住民文化が栄えた。同地域には，ホホカム文化の他に，アナサジ[33]文化，モゴヨン[34]文化，シナグア[35]文化，パタヤン[36]文化などの多様な文化が栄えた。[37]

　ホホカムが居住した街の一部は，スネークタウンやカサ・グランデ[38]といった，北米大陸でも最大規模の遺跡として現存しており，米国の内務省に

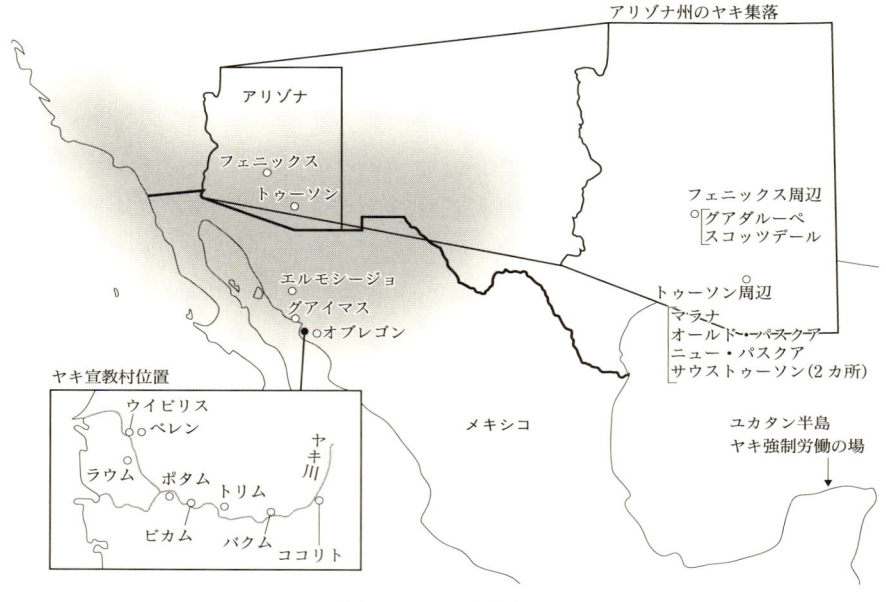

図 1-2　ヤキ居住地図
Kelly 1978: 2 とパスクア・ヤキ・トライブ政府公式ウェブサイトに掲載の地図を基に作成。

よって管理されている。(ただし，遺跡がインディアン保留地内にある場合は，保留地を運営するトライブが管理を行い，場合によっては保護のために一般の人々の立ち入りを禁じている。)

当初1つの集団であったホホカムの人々は，その後異なる文化を持った複数の集団に分派し，現在のメキシコおよび米国の様々な先住民族になったと考えられている。例えば，考古学的調査では，ホホカム文化では儀礼に使用した物品を燃やす風習が存在していたとされ，その風習が現在のヤキに受け継がれていることが指摘されている。[39] さらに，ホホカム文化の遺跡から出土する物品の一部は，現在のヤキのものと類似しているという。[40] これら事実は，ヤキがホホカム文化の一部を継承していることを示している。他にも，ヤキに関連する考古学的調査の結果として，3世紀頃にメキシコ側のヤキ川の河口周辺で作られたとみられる陶片が見つかっているが，ヤキの祖

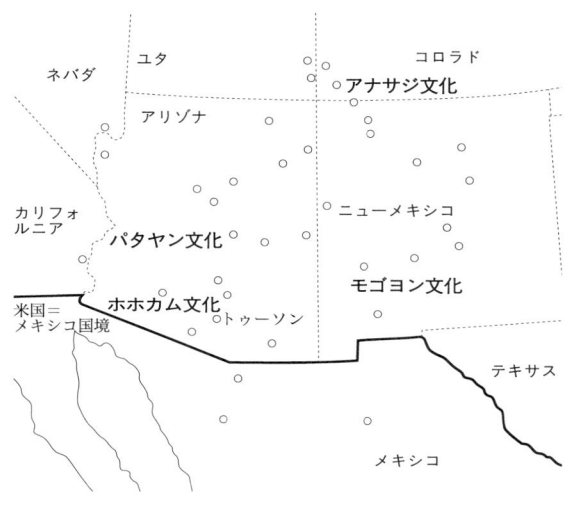

図 1-3　南西部の古代先住民文化

○は遺跡の位置。
Byrkit 1992: 323 を基に州の名前は筆者が加筆。

先が作ったものだとする決定的な証拠はないそうである。さらに、ナワと呼ばれる民族の一部が紀元前3000年頃、および紀元前1000年頃に現在のメキシコ、ソノラ州地域にやって来て、彼らがヤキの直接的な祖先となったという研究もあるが、決定的な結果とはなっていない。[41]

これまでの研究によると、宣教村に集住するまでのヤキは、狩猟採集、農耕、漁労によって生活を営み、ヤキ川流域では、ヤキ川の氾濫周期に合わせて年に2度、トウモロコシ、カボチャ、豆、ヒユ属の植物、綿の収穫を行っていたとされる。[42]

ヤキは、ヨーロッパからの入植者がアメリカ大陸に到達する前に、すでに独自の文化や言語を作り上げていた。ヤキの居住する地域に到達した初のヨーロッパ人であるスペイン軍の侵入を防ぐために、ヤキの人々は小さな戦闘を繰り返した。[43] ところが、1617年に、キリスト教カトリックのイエズス会士であるペレス・デ・リバスが率いる非武装の6名の集団がヤキの集落を訪れた。[44] 彼らを集落に受け入れた後から、ヤキの人々はイエズス会の宣教師と共に暮らし、キリスト教の考えをヤキ文化に取り入れることによってヤキの文化を発展させてきた。そのため、現在のヤキの儀礼の多くは、キ

図1-4 鹿の踊り(左)と仮面の踊り(右)を模った蠟人形による展示
Courtesy of Arizona State Museum.

リスト教カトリックの暦に沿って行われている。[45] しかし，アメリカ大陸の他の地域と同様に，1767年にヤキの居住地域からもイエズス会士が追放された。[46] その後，ヤキの居住地域にはカトリックのフランシスコ会の宣教師が訪れた[47]が，ヤキの人々は彼らとはイエズス会の宣教師とのように深い関係を持たず，キリスト教と混淆した儀礼や文化を彼ら自身で守ってきた。

　ヤキの人々の伝統文化の中で最も有名なのは鹿の踊りと仮面の踊りである。鹿の踊りでは，踊り手が鹿の頭の剥製を被り，ヤキ語の歌に合わせて鹿の動きを表現する。ヤキの文化では鹿が神の化身であり，この踊りは儀礼の中心を成す。仮面の踊りでは，踊り手が木製の仮面を被って，バイオリンやハープといった宣教師の伝えた西洋の楽器が奏でる音楽に合わせて舞う。どちらの踊り手も男性でなくてはならず，踊る場所は教会内の一角に設けられている。女性は，紙製の花を作って教会を飾り，花の刺繍がされた伝統的装束に

身を包む。花のシンボルが好まれるのは，イエス・キリストの血が地に落ちた際に生まれ，人々を邪悪なものから守ると信じられているからである。儀礼のほとんどは2月半ばから4月初めに行われ，米国側の儀礼には，毎年メキシコの集落から訪れる者もいる。

現代のヤキの人々の生活は，いわばヨーロッパ系入植者から成る主流社会の人々とほとんど変わらず，高等教育を受けて専門的な職業に就く人も多い。[48] 2000年の米国の国勢調査では，2万2412人の人々が，自らのアイデンティティの一部もしくは全てがヤキであると回答した。[49] そのうち，ヤキの血統を4分の1以上持つなどの規定を満たした上で，パスクア・ヤキ政府に登録されている人々は，1万7000人以上存在する。[50] また，メキシコ政府は，先住民の人口を先住民言語話者の数によって算出し，2005年の時点で1万4000人程度がヤキであるとされている。[51] しかし，このような米国およびメキシコにおける公の統計においてヤキとして数えられない人々も多く，自らをヤキであると考える人々の数は，上に記したものよりも多いことが予想される。

5. パスクア・ヤキは米国先住民か——1994年の論争

　　パスクア・ヤキ・トライブは「歴史的でない」。[52]

インディアン局は，1994年に，米国先住民としてのパスクア・ヤキの地位に疑問を唱えた。

パスクア・ヤキの人々が，法的に米国先住民として米国政府に認められた1978年9月18日から15年後の1993年，米国下院の先住民問題小委員会では，パスクア・ヤキの構成員登録に関する議論がなされていた。1978年のパスクア・ヤキ・トライブ認定に関して，米国政府は，人々がトライブの基礎名簿に登録できる時期を1年間という極めて短い期間に設定した。そのため，トライブへの帰属を登録できなかった者が生じた。米国下院の委員会で

は，3年間の期限付きでトライブ基礎名簿への登録を再度認めるかどうかについて，議論が行われていた。[53]

　会議の席上，ニューメキシコ州の民主党議員であり，先住民問題小委員会の委員長でもあったビル・リチャードソンは，パスクア・ヤキ・トライブの認定そのものについて，異議を唱えた。

　　彼らはインディアンなのか？　彼らは自分自身を何だと思っているのか？　ヒスパニックか？[54]

　リチャードソンはインディアン局に，パスクア・ヤキを含む「歴史的でない」トライブのリストを作成するよう要請した。これらのトライブに共通なのは，アメリカ大陸で入植者が文書による記録を始めた後に，集団や集落が形成されたと捉えられている点であった。[55]「歴史的でない」トライブのリストが作成された後，インディアン局によって，冒頭のような発表がなされた。米国においてインディアン・トライブとして認定されるためには，民族が「太古の昔から("since time immemorial")」[56] 存在することを示す必要がある。（ただし，どの時点以前が「太古」であるのか，米国政府は定義していない。）つまり，民族が「歴史的でない」（「歴史的」という言葉も，米国政府によっては定義されていない）との発表は，ヤキという先住民族の存在が，米国政府によって認められていないことを意味する。リスト発表後にパスクア・ヤキがインディアン・トライブとしての地位や権利を剥奪されることはなかったが，この発表はヤキに限らず米国先住民の人々にとって，大変衝撃的なものであったと考えられる。

　パスクア・ヤキは，米国に移住した先住民ヤキの一部が，米国先住民としての権利を獲得した際にトライブとして得た呼称である。ただし，ヤキの中には，メキシコから米国に移住した集団とは別に，かつて米国に居住していた集団が存在することも指摘しておかなくてはならない。（これまでの研究や議会における議論では，ヤキの米国側における居住の歴史は広く認識されていない。本書執筆時点において，筆者が詳しい歴史的経緯を調査中である。）ただし，米国領内に居

住していたヤキの人々は，現在のパスクア・ヤキの直接的な祖先がメキシコから移住する前に，入植者の記録では「消滅した」とされていた。

　パスクア・ヤキ・トライブを構成する人々の直接の祖先は，19世紀の終わりから20世紀の初めにかけて，メキシコ政府からの民族迫害によって同国を離れ，政治難民として米国に移住した人々である。難民となったメキシコからのヤキは，米国とメキシコの国境に接するアリゾナ州を中心とした地域に定住した後，1960年代から先住民認定を求める活動を開始し，1978年にその願いを叶えてパスクア・ヤキとなった。その際には，すでにパスクア・ヤキの人々のほとんどは，従軍や国内での出生など何らかの方法で米国市民となっていた[57]が，加えてアメリカ・インディアンという法的および政治的枠組みに加わることは，彼らの生活に変化をもたらした。

　パスクア・ヤキが米国に移動した19世紀終わりから20世紀初頭に起こったメキシコ革命とそれに続く時期には，度重なる政権交代が起こった。政治的および社会的な混乱は，時に特定の人々への迫害を引き起こした。結果として，先述の通り，先住民，非先住民を問わず，多くのメキシコの人々が米国に流入した。[58] ヤキの文化と類似した文化を持ち，メキシコにおいては伝統的に地理的にも隣接する地域に居住してきたマヨという先住民も，同時期を中心に多く米国に渡った。現在，マヨの人々は，米国内のアリゾナ州やカリフォルニア州に大きな集落を形成している。[59]

　しかし，現時点において，マヨは米国市民権を得ることはできても，アメリカ・インディアンという枠組みに入ることはできない。なぜなら，マヨの人々は，米国領内に民族の一部が居住していた事実を，文書によって証明できていないからである。マヨの人々の他にも，メキシコから米国に流入した先住民の人々は多く存在する。1980年代以降には，メキシコのオアハカ州から，ミシテカ，サポテカ，ミヘ，トリキ，チョンタルといった先住民が，より高い労働賃金を求めて米国に移住し，カリフォルニア州の都市部に多く移住するようになった。[60] これらの先住民族に属する人々も，米国内ではアメリカ・インディアンではなく，メキシコ系米国人もしくはラテンアメリカ系米国人として認識されている。

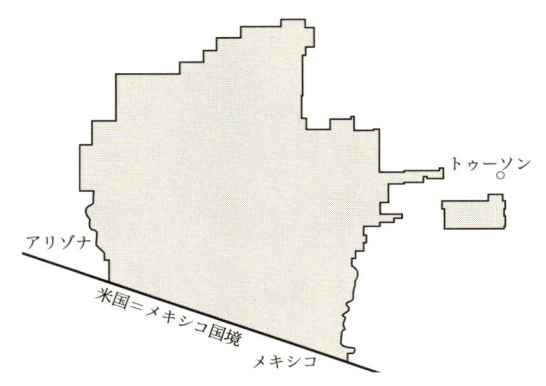

図 1-5　トオノ・オータム保留地
トオノ・オータム民族政府による地図⟨http://www.tonation-nsn.gov/location.aspx⟩を一部改変。

6. 先住民と米国＝メキシコおよび米国＝カナダ国境

　米国の国境地帯には，ヤキ以外にも多くの先住民族が居住している。

トオノ・オータム
　パスクア・ヤキ保留地の最も近くに保留地を持つのは，トオノ・オータムである。歴史的にも，ヤキとトオノ・オータムの体験は類似している。トオノ・オータムの集落内には，サン・シャビエール・デル・バックと呼ばれる米国の国定歴史建造物が建っている。この建造物は，かつて先住民のために建てられた，カトリックの宣教村内の教会であった。宣教村の建設に携わった宣教師である，キリスト教カトリックイエズス会のキノ神父は，ヤキの居住したトゥマカコリ宣教村を建てた人物でもある。トオノ・オータムの一部とヤキの一部は，共にキノ神父に従って，現在のメキシコ領北西部から米国領南西部の宣教村に移住した。[61]
　米国内の宣教村に移住した人々のみならず，メキシコに残ったトオノ・オータムの人々も，1810年から1821年のメキシコ独立戦争の間に現在のアリゾナ州北部に避難するなど，メキシコと米国の間を行き来しながら生活していた。その様子は，宣教師以外の入植者には広く知られることがなかった。

しかし 1852 年に，新たに米国領となった地域を探検していたバートレット[62]が，トオノ・オータムの人々を「発見」した。[63] 1853 年のガズデン購入（メキシコから米国への領土売却）によって，民族の伝統的な居住地帯の 3 分の 2 程度[64]が米国領となると，米国領となった土地に居住していたトオノ・オータムの人々はメキシコ国籍を失った。インディアン市民権法が発行されて米国籍を得る 1924 年まで，彼らは法的に中途半端な立場で生活しなくてはならなかった。そして，1934 年のインディアン再組織法によって，トオノ・オータムの人々は，政府認定の米国インディアン・トライブとなった。その上，バートレットによる「発見」の地，20 世紀前半までに，トオノ・オータムの集落内にある井戸や泉の所有権は，トオノ・オータムの人々から入植者に渡ってしまった。[65] アリゾナの砂漠地帯に生活する人々にとって，水利権が奪われることは致命的である。水利権を含む地下資源の権利がトオノ・オータムの元に戻ったのは，1955 年のことだった。[66]

現在，メキシコ側に住むトオノ・オータムの人々には，米国において認定された先住民が持つ権利の一部が与えられている。例えばインディアン衛生局による米国先住民を対象にした医療サービスを受けるために，多くのメキシコ側のトオノ・オータムの人々が米国にやって来る。[67] 国境の反対側に住む構成員にも米国政府による医療サービスの提供が行われている例は，他にも多く存在する米国の国境地帯の先住民の中でトオノ・オータムにしか見られない。

医療サービスの提供はトオノ・オータムに対してのみであるが，国境を越えた場所に居住する構成員にも何らかの権利が与えられている例は，広く見られる。例えば，特別な身分証明書の発行や，越境に関する特例措置などがその例である。ただし，与えられた権利の実際的な運用については様々な問題がある。例えば，合法的に米国側の集落に滞在しているメキシコ側の構成員が，不法滞在者であると通報されて送還されることは，珍しくない。その上，トオノ・オータムの場合，国境の存在によって不利益を被っている構成員も多い。米国メキシコ国境のちょうど境目に立つ住居には，敷地内に国境を示すフェンスが張られ，日常生活に支障をもたらしている。[68]

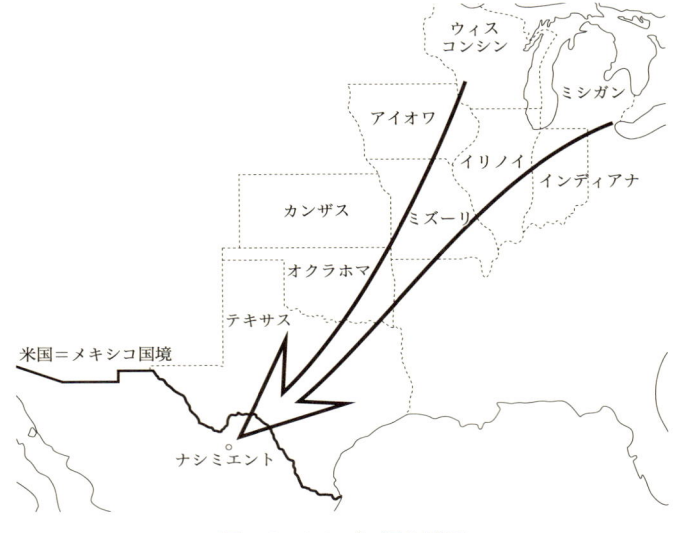

図1-6　キカプー居住地図
Gibson 1963: 37 を基に著者が作成。

　また，パスクア・ヤキの保留地が国境から車で1時間近く離れた場所に位置し，保留地と国境の間に通常の私有地や公有地が存在するのと異なって，トオノ・オータムの保留地は国境に直接面している。そのため，米国＝メキシコ間の密入国および違法輸出入ルートが保留地に直結している。結果として，違法な麻薬などの危険物が保留地に持ち込まれるケースが絶えない。[69]

キカプー・トラディッショナル・トライブ
　ヤキやトオノ・オータムの他に米国＝メキシコ国境に居住する先住民族として，キカプー[70] が挙げられる。キカプーの一部であるキカプー・トラディッショナル・トライブは，現在米国の認定先住民族として，テキサス州に居住している。キカプーは，ヤキと同様に，民族の一部が米国にも居住した歴史的背景を持つ。キカプーの場合には，ヤキのように，記録上において米国側の集団の居住の歴史が途絶えることはなく，メキシコ側に移り住んだ

人々が様々な事情のために再度米国側に戻った。そして，メキシコ側から越境した人々は，継続的に米国に居住していたキカプーの人々とは別の先住民トライブとして，米国政府の認定を受けた。

　キカプーは，歴史的に，米国北部に位置する五大湖周辺に居住していた。しかし，1830年に強制移住法が制定された。同法によって，1830年代から1840年代の初めには，先住民は米国の西部へ立ち退きを迫られ，立ち退き後の土地には入植者が住むようになった。立ち退きに応じない先住民は，州法によって罰せられた。[71)] この強制移住政策によって，キカプーは移住を繰り返し，結果的にイリノイ州，インディアナ州，アイオワ州，ミズーリ州，カンザス州，オクラホマ州，テキサス州等に点在して居住することになった。[72)]

　米国内での強制移住法に前後して，メキシコでも政治的な動きが見られた。1821年にスペインからメキシコが独立した後，1877年にメキシコ政府が設置した北方国境調査委員会によって，米国＝メキシコ国境地帯への入植者が，コマンチ[73)]，メスカレロ・アパッチ[74)] などの先住民族によって相次いで襲撃されていると報告された。[75)] 同委員会は，これらの先住民族から入植者を守るための兵力として，キカプー，セミノール[76)] などの「文明化された("civilized")」先住民[77)]をメキシコ国内に誘致した。その誘いに応じて，テキサス州に移住したキカプーの一部がさらに国境を越えて南下し，メキシコ北東部コアウイラ州，ナシミエント村へ移住した。[78)]

　しかし，ナシミエントでは，干ばつによって水の確保が難しくなり，食糧となる動物の数も減少した。[79)] そこで，1940年代に入ると，ナシミエントに居住していたキカプーのうち，600から700人程が，米国のテキサス州に戻り始めた。[80)] ナシミエントを離れた人々は，国境を挟んで位置するメキシコのピエドラス・ネグラス市と米国のイーグル・パス市の間を流れ，米国とメキシコの国境線の一部を成している，リオ・グランデ川にかかった橋の下でテント生活を送るようになった。[81)]

　ナシミエントからテキサスに逃れたキカプーのうち，米国内で生まれるなどして米国籍を得た者は，橋の下のテント村を離れ，イーグル・パス市内に

移り住み，米国政府との協議を始めた。キカプーは米国起源の先住民族であるものの，メキシコから米国に戻った人々は米国籍や市民権を失っていた。そのため，メキシコからのキカプー難民の米国内における法的地位について1981年から82年に米国上院で審議がなされた。キカプーの多くは英語もスペイン語も話さなかったため，上院には英語とキカプー語の通訳が配置された。[82] そして1983年に，(1)キカプー・トラディッショナル・トライブの祖先が米国先住民であること，(2)現在も様々なバンドのキカプーが米国政府に認定されたトライブであること，の2点を根拠として，彼らはキカプー・トラディッショナル・トライブという名称の米国インディアン・トライブとして認定された。[83]

キカプーとヤキは，人々が国境を渡って米国に移住し，米国先住民としての法的地位を政府に求めて認められた点では共通している。しかしながら，両者が異なるのは，先に述べたように，米国におけるキカプーの他の集団に関する記述が途絶えておらず，さらにそれらの集団が米国から先住民認定を受けていた点である。そのため，キカプーの場合には，先住民認定を受けていた他のキカプーの集団とのつながりを証明することによって，米国政府の認定を得ることができた。また，キカプー・トラディッショナル・トライブの場合は，米国先住民認定の申請前に，すでに米国とメキシコの両国家間で米国インディアン・トライブとして認定することに関して合意がなされていた，という記録も残されている。[84]

また，キカプー・トラディッショナル・トライブの人々に関して特筆すべきなのは，彼らが法的に米国先住民となる30年前の1952年移民国籍法の制定と共に，国境を渡るための臨時入国許可証が米国政府より発行されていた点である。このような入国許可証が1950年代に発行されたのは，米国の国境地帯ではキカプー・トラディッショナル・トライブのみであった。さらに，1983年にテキサス・キカプー・バンド法が制定されると，米国に移り住んだ人々には市民権が，メキシコに残った人々には，参政権を除いた米国市民としての権利が特別に与えられた。[85] つまり，米国先住民トライブとしての認定がなされる前にも，メキシコから入国したキカプーの人々には，米国

内における権利が段階的に認められていったことが分かる。

アローストゥック・ミクマック

　米国＝メキシコ国境のみならず，米国＝カナダ国境の周辺にも多くの先住民族が居住している。例えばミクマックという先住民族の米国側のトライブであるアローストゥック・バンド・オブ・ミクマック・トライブ（以下アローストゥック・ミクマック）は，1993年に米国下院でパスクア・ヤキ・トライブの持つ権利拡張に関する事項が話し合われた際に参照されたトライブである。米国側のアローストゥック・ミクマックは，1991年11月26日に政府の認定を受けた。同トライブの認定は，彼らの祖先が現在の米国領内にあたるメイン州に住んでいたという，入植者によって書かれた資料が発見されたことによってなされた。[86]

　人類学者のプリンスは，ミクマックの米国＝カナダ国境を使った生存戦略について研究を行った。[87] ミクマックは，米国政府による認定が行われる以前から，主に農場における労働の場を確保するために，米国＝カナダ国境の両側において，様々な場所に集落を形成していた。それぞれの集落は，集落の住民のための家屋に加え，他の集落の人々が滞在するための施設を備えていた。ミクマックの男性は，国境を越えて集落の間を移動し，それぞれの集落の周りで農業労働者として働いた。さらに，女性，子供，老人，病人などは移動せずに集落に居住し，カナダまたは米国政府の補助を受けて生活した。プリンスの考察によると，複数の労働の場を確保し，カナダ，米国両国の援助を取り付けることは，ミクマックの生き残り戦略であったという。[88] メイン州に1870年に開通した鉄道は，同地域で生産されるジャガイモを材料とするでん粉を，鉄道によって輸送すべき一大産業へと押し上げ，より多くの流動的な労働力が求められるようになった。このような状況は，国境を挟んだ生活をしていたミクマックの人々の日常的な移動を後押しし，ミクマックの人々は，鉄道に乗って米国とカナダをより頻繁に往来する先住民族として生活してきたのであった。[89]

チペワ=クリー・トライブ

　現在チーフ・ロッキー・ボーイズ保留地に居住する，チペワ=クリー・インディアン・トライブ(以下チペワ=クリー・トライブ)も，米国=カナダ国境に居住する先住民である。チペワ=クリー・トライブの事例もまた，1964年に米国におけるヤキへの土地付与が上院および下院で議論された際に参照された。[90] 同トライブの保留地は，米国モンタナ州北部にある。チペワ=クリーの人々は，居住地の定まっていなかったチペワ[91]であるチーフ・ロッキー・ボーイズ・バンドと，クリー[92]のリトル・ベアーズ・バンドによって構成されている。

　チーフ・ロッキー・ボーイは，チペワを率いて米国に渡った人物であり，「ロッキー・ボーイ」は，彼のチペワ語の本名であるアシニウェイン[93]を英訳したものである。ロッキー・ボーイの経歴についてはあまり多くの資料が残されておらず，1852年前後にカナダもしくはモンタナ州で生まれ，米国=カナダ国境でバッファロー狩りをして暮らしていたという説や，ウィスコンシン州で生まれて指導者になったという説[94]などが存在する。ロッキー・ボーイ率いるチペワの人々は，定住する土地を持たず，モンタナ州内を転々としながら生活していた。[95] 一方，クリーのリトル・ベアーズ・バンドは，1885年4月2日にアルバータ州で起こったクリーの武装蜂起であるフロッグ・レークの虐殺によって，カナダから追放された。そして，リトル・ベアーズ・バンドは，ロッキー・ボーイ率いるチペワと合流し，1つの集団を形成するようになった。

　リトル・ベアーズ・バンドとチペワの合流のきっかけとなったのは，カナダ史で最も大きな反乱の1つとして知られる，リエルの反乱であった。リエルの反乱は，メティスと先住民からなる集団が，本人もメティスであったルイ・リエルの指揮の下に，当時英国の自治領であったカナダ政府に対して2度の反乱を起こした事件である。1869年のレッド・リバーの反乱は現在のマニトバ州で，1884年のサスカチュワン渓谷の反乱は現在のサスカチュワン州で起こった。リエルは，メティスにヨーロッパ系の人々と同様の土地所有権を与えるべきだと主張した。[96]

チペワとクリーが合流した集団は，チペワ側の名称を取って，チーフ・ロッキー・ボーイズ・バンドと自称するようになった。[97] そして彼らは，インディアン再組織法発効前の 1916 年 9 月 7 日に，米国議会の審議を経てモンタナ州に保留地を得た。[98] インディアン再組織法を経て，チペワ＝クリー・トライブは，現在米国インディアン・トライブの 1 つに数えられている。

お わ り に

このように，パスクア・ヤキの米国先住民地位の獲得とその後の議論は，特殊なケースであると共に，国家と先住民の関係性を分かりやすく示す例でもある。彼らはどのようにして民族の一部が米国に居住していた事実を証明し，米国先住民という法的，政治的枠組みに入りえたのだろうか。現在のパスクア・ヤキ・トライブ構成員の直接的な祖先となった人々がメキシコから米国領土内に移住した過程と，越境前に主に米国のメディアによって描かれた彼らの姿について，続く章で明らかにしたい。

1) Yang 2000: 7-9.
2) ibid: 8.
3) ibid: 20-25.
4) 古川 2001: 122-123；Yang 2000: 7-9.
5) Yang 2000: 4-5.
6) University of California, Department of Ethnic Studies, "History." 〈http://ethnicstudies.berkeley.edu/history.php〉(2011 年 3 月 10 日閲覧。)
7) Thornton 1987: 87-88.
8) Kidwell 2005: 10-15.
9) Bureau of Indian Affairs. Office of Federal Acknowledgement. "Number of Petitioners by State." April 29, 2011. 〈http://www.bia.gov/idc/groups/xofa/documents/text/idc013621.pdf〉(2011 年 11 月 10 日閲覧。)
10) Prucha 1986: 226-227.
11) 具体的に市民権が得られなかったデメリットとしては，参政権や土地の売買権を持てないことであった。この点については，水野 2007 に詳しい。
12) ibid: 272-273.

13) ちなみにニューディールとは，1933年から1938年の間に，フランクリン・ルーズベルト大統領によって，世界恐慌からの経済立て直しを図るために実施された，一連の政策であった。特に，大規模な公共事業の施工や，芸術家の支援などによって，雇用を創出したことが知られている。
14) Prucha 1986: 317-318.
15) Parman 1994: 76-88, Prucha 1986: 321-325 et. al.
16) Miller, M 2004: 28.
17) Bureau of Indian Affairs. Office of Federal Acknowledgement. "25 CFR Part 83 Procedures for Establishing that an American Indian Group exists as an Indian Tribe." 〈http://www.bia.gov/idc/groups/public/documents/text/idc-001115.pdf〉（2011年11月10日閲覧。）
18) 103rd 1st sess. 1993: 3.
19) Miller, M 2004: 44.
20) ibid: 39.
21) TallBear 2003: 88-89.
22) Goldberg 2002: 437.
23) 1934年のインディアン再組織法以前に，米国政府がインディアンについて把握するために行っていた調査に基づく名簿。始まったのは1885年で，再組織法が発効してからも，1940年までは追加情報の収集が行われた。
24) インディアン・トライブ裁判基金の使用と配分法（1973年）に関連し，インディアンの請求が法廷で争われる場合，インディアン局が裁判にかかる費用を負担する制度に関わる名簿。
25) 出生後1年以降に出生の届出があった場合に発行される書類。
26) Tribal office of Vital Statistic.
27) Bureau of Indian Affairs. "Bureau of Indian Affairs Certificate of Degree of Indian or Alaska Native Blood Instructions." 〈http://www.bia.gov/idc/groups/public/documents/text/idc-001805.pdf〉（2011年5月16日閲覧。）
28) Bureau of Indian Affairs. "Bureau of Indian Education Higher Education Grant Program: Information for Prospective American Indian College Students, Academic Year 2009-Fall Edition" 1. 〈http://www.bie.edu/idc/groups/xbie/documents/text/idc-008101.pdf〉（2011年11月10日閲覧。）
29) 続く項で述べるが，このように規定はなされているものの，実際にメキシコの出自を持つ個人にインディアン衛生局がサービスを提供しているのは，トオノ・オータムのみである。カナダについては，皆保険制度が定められているために，インディアン衛生局によるサービスを受給を要請する必要が生じないと考えられる。
30) United States Department of Health and Human Services. Indian Health Service.

"Eligibility Requirement for Health Services from the Indian Health Service."〈http://www.ihs.gov/generalweb/helpcenter/customerservices/elig.asp〉(2011年5月16日閲覧。)
31) 現在，文化人類学分野では，各民族の使用する言語の分類である語族(Language Family)によって，民族間のつながりを説明することが通例となっている。
32) アキメル・オータムの言葉で「消えた者」を意味する。紀元前1世紀から紀元後16世紀頃まで存在し，高い灌漑技術を持っていたとされている。土器や鏡，織物を作り，球技を行ったり，インコをペットとして飼っていたりした(Waldman 2000: 18)。
33) ナバホ語で「我々の間には存在しない古代の者」を意味する。紀元前1世紀から紀元後14世紀頃まで現在のユタ，コロラド，アリゾナ，ニューメキシコの州境に居住し，その後集落を捨てて移動した。移動先はアリゾナ，ニューメキシコ州境辺りで，現在のプエブロ系諸民族が彼らの子孫だと考えられている(ibid: 18–19)。
34) アリゾナ，ニューメキシコ州境にあるモゴヨン山脈に倣って名付けられた。紀元前3世紀に文化が発生し，紀元後13世紀から15世紀頃にかけて一部はアナサジ文化に吸収され，異なる一部は現在のズニの人々の祖先となった(ibid: 18)。
35) 紀元後6世紀から15世紀頃までに文化が栄え，現在国の史跡に指定されているモンテスマ・キャッスルなどの遺跡を残した(ibid: 20)。
36) ハカタヤ文化とも呼ばれる。紀元後6世紀頃から文化が栄え，現在のユマ語系諸民族の祖先となった(ibid: 20)。
37) Byrkit 1992: 322–326, et. al.
38) スペイン語で「大きな家」を指し，米国内で最も大きな遺跡の1つである。
39) Haury 1978: 109.
40) ibid: 301.
41) Varela-Ruiz 1986: 20.
42) Spicer 1980: 10.
43) ibid: 13.
44) ibid: 15.
45) 現在，多くのヤキの人々が，ヤキ以外の人々によって民族の宗教観や儀礼に関する事項が記されることを好まない。そのため，本書では彼らの宗教観や儀礼については概要を述べるに留める。
46) Spier 1980: 50.
47) ibid: 50.
48) 水谷 2006。
49) Ogunwole 2006: 10.
50) United States Department of Homeland Security. "Department of Homeland Security

and the Pascua Yaqui Tribe: Announce a Historic Enhanced Tribal Card." July 30, 2010. 〈http://www.dhs.gov/ynews/releases/pr_1280517554936.shtm〉(2011年11月10日閲覧。)
51) Instituto Nacional de Estadística y Geografía 2009: 35.
52) Hansen 1994: 12.
53) 103rd 1st sess. 1993: 13. 3年間の期限付き再登録期間そのものは実施された。
54) ibid: 21.
55) Hansen 1994: 12.
56) ibid: 12.
57) 95th 1st sess. 1977: 10.
58) Martínez 2001: 25.
59) 筆者の聞き取りによる。
60) Weber 2001: 269.
61) Kelly, W 1974: 27.
62) バートレットは，米国東部で書店を経営する一方，多岐にわたるトピックの資料や図書を書き残した。アリゾナの探検記はその1つである。(Sonnichsen 1982: 38.)
63) Fontana 1974: 28.
64) Erickson 1994: 75.
65) Kelly, W 1974: 28.
66) ibid: 31.
67) Luna-Firebaugh 2002: 159, 166.
68) Nez 2005.
69) Gross 2006.
70) 言語学分類的には，アルゴンキン語族に属する。
71) Prucha 1986: 68.
72) Gibson 1963: 37.
73) 言語学分類的にはユト・アステカ語族に属し，現在のテキサスを中心とする地域に居住してきた民族。(石川 1994: 285.)
74) 言語学分類的にはアサバスカン語族に属し，アリゾナを中心とする地域に居住してきたアパッチの一部を構成する集団。(石川 1994：17.)
75) Latorre 1976: 15, 16.
76) 言語学分類的にはマスコギ語族に属し，米国南東部に居住してきた民族。(石川 1994: 422.)
77) 米国政府は，1887年のインディアン一般土地割当法に続く1898年のカーティス法において，セミノール，クリーク，チェロキー，チカソー，チョクトーを「5つの文明化されたトライブ(Five Civilized Tribes)」と定め，他の先住民族とは別の政治的

関係を持った。（Prucha 1986: 305-306.）これらの「5つの文明化されたトライブ」とは別に，米国＝メキシコ国境地帯では，キカプーやセミノールが，米国政府に忠実な先住民族という意味で，「文明化された」民族と呼ばれた。（Latorre 1976: 16.）

78) Latorre 1976: 16.
79) 88th 1st and 2nd sess. 1983: 146.
80) ibid: 10.
81) ibid: 8.
82) ibid.
83) ibid: 8.
84) ibid: 43.
85) Luna-Firebaugh 2002: 170.
86) 104th 2nd sess. 1990: 51-55.
87) Prins 1996: 45-65.
88) ibid.
89) ibid: 51-52.
90) 88th 2nd (b) 1964: 4.
91) 言語分類額的にはアルゴンキン語族に属し，米国北部とカナダに居住する先住民である。（石川 1994: 117-118.）
92) 現在のカナダ北・中部からハドソン湾までに広く居住する先住民で，言語学的にはアルゴンキン語族に属する。（石川 1994：231.）
93) Well-Of-Man 2007: 3.
94) Ewers 1974: 155-159.
95) ibid: 125.
96) ibid: 93-105, et. al.
97) 88th 2nd (a) 1964: 5.
98) Well-Off-Man 2007: 11

第 2 章　メキシコにおけるヤキの反乱と越境の再考

　スペイン人がアメリカ大陸に到来した 16 世紀から，ヤキはたびたび入植者に対して反乱を起こした。[1] その中で，1876 年からメキシコ革命の 1911 年まで続いたポルフィリオ・ディアス[2]政権下では，とりわけ激しい反乱が多く生じた。さらに，同時期には，メキシコ政府によって数多くのヤキが虐殺された。現在までに公表されている資料では，殺害された人数は明らかになっていない。ヤキ研究の第一人者であるスパイサーの著書によると，19 世紀の中頃に 5 万 5000 人程であったヤキ人口は，20 世紀の初めには 1 万人程度にまで減少したとされている。[3]

　本章では，多くのヤキがメキシコから米国に越境するまでの時期について，(1)「野蛮人による，人類と文明に対する戦い」[4]と評されたメキシコでのヤキの反乱とヤキの虐殺と，(2)米国で報道された，メキシコにおけるヤキの民族イメージについて論じる。

1. メキシコにおけるヤキの迫害

　ディアスのヤキ迫害の理由を，彼の先住民差別と偏見に求めようとする様子は，たびたび見受けられる。例えば，以下は 1907 年の米国上院国際関係委員会での公聴会で，リーグ・オブ・フリー・ネーションズという団体の対ラテンアメリカ外交政策部門において研究を行っていた，ウィントン博士という人物の発言である。

ウィントン博士：(省略)本当のところは，彼(ディアス)はインディアンとしての性質も持ち合わせていますが，ほとんど正反対と言ってよい既存の征服者のタイプに近づいています。

議長：彼(ディアス)はどのインディアンに属しているのですか？

ウィントン博士：サポテカです。[5]

　仮にある個人が先住民としての血統を保っていたとしても，自らを先住民であると認識せず，先住民文化や社会に関わることがなければ，その者が必ずしも社会的に先住民であるとはいえない。しかし，この発言では，ディアスがサポテカの血統を引いているために，先住民としての帰属意識を持っていると結論付けられている。そして，先住民の血統を引く者が先住民を迫害する点について，ウィントン博士が興味を示している様子がうかがえる。

　ディアスがメスティソ，即ち先住民と入植者の間に生まれた者でありながら，自らの先住民としてのルーツを隠し，周囲にヨーロッパ系として印象付けようとする様子は，彼が写真撮影の際に肌を白く見せる工夫を必死に行ったとされる逸話[6]にも垣間見られる。メキシコ研究者の国本は，ディアス政権下のメキシコにおけるヤキを含む先住民への迫害が，近代化とヨーロッパ化を同義として捉えた同時期のメキシコ近代化思想と関連していたことを指摘している。[7] しかし先住民政策の根底に人種差別が存在し，ディアスに人種差別主義者的な側面があったとしても，人種差別のみが迫害を引き起こしたわけではない。むしろ，メキシコ政府によるヤキ討伐の背景には，ヤキが伝統的居住地としていたメキシコ北西部の土地をめぐる経済上の利権が存在したと考えられる。

　ヤキを迫害したディアス政権は，メキシコの近代化，工業化を急速に推し進めるために，多数の外国資本の企業を国内に誘致した。外国資本の60%を占めた米国資本のほとんどは，米国との国境に近い北部と西部に企業を設立した。[8] そしてこの地域は，まさにヤキの伝統的な集落が位置していた場所であった。

　ターナーは，最も早い時期に，ヤキの迫害と政治の関連性を指摘し，メキ

シコにおける人権問題を国際社会に知らせた人物の1人である。ターナーは，1910年に初版が発刊された『野蛮なメキシコ』によって，メキシコ政府のヤキ迫害を告発した。以下は，ヤキの迫害が政治や経済の動きと結びついていたことを記述した，同著の一節である。

　　ヤキ抗争の原因は，一般的に言って，多くの政治家の策略にある。それらの政治家は，ヤキが何百年と所有してきた，肥沃なソノラ南部の地を手に入れようとした。[9]

『野蛮なメキシコ』出版の前年である1909年には，ホワイテーカーが，小説という形式を取りながらも，著書の『大農園主』を通じて，主に米国資本によるメキシコでのゴムのプランテーション経営にまつわる問題を，ヤキ問題をからめながら論じた。『大農園主』には，メキシコ軍によって捕えられたヤキが，奴隷として輸送される様子が細かに描写されている。

　　(省略)アメリカの鉄道会社で使われているよりも狭い上に，3分の1程短い車両に，200人のヤキがまるで家畜のように詰められていた。5人，時には6人のインディアン，主に包みを抱えた女性たちが，木造の部分(車両連結部分?)に群がっていた。通路には100人を超える人々が立ち，暑さのために，そして彼ら自身の汗から発する悪臭のために，うだっていた。彼らはそのようにして一日中立っているのだろう。体重を片方の足からもう片方の足に動かすことのみが，彼らに与えられた休息であった。[10]

北米大陸各地の民族や人権の問題を記事に取り上げて活躍したジャーナリストである，クリールマンによる記述も，ヤキの迫害にメキシコの政治や土地制度の改革が関与したことを裏付けている。以下は，1911年の著書である，『メキシコの主，ディアス』に記されたディアスの発言である。

ヤキが非常識にも彼らの独立を主張し続け，殺戮，略奪，放火を続ける限り，偉大なる国家(メキシコ)の発展は不可能である。資本と企業はソノラの地に進出する準備ができている。必要なのは治安の良さのみである。[11]

『メキシコの主，ディアス』の序章で，クリールマンは，この本の執筆に使われた資料の大半が，ディアスの個人的な回想録に基づいていると記し[12]，さらに同書が「(ディアスへの)攻撃でもなければ弁護でもない，説明のために」[13]書かれたと述べている。軍隊に限らず，メキシコ政府が支援する外国資本の企業までもがソノラに進出し，プランテーション経営や鉱山開発を行ったことからは，ヤキに対する軍事的迫害の傍らで，土地と資源の収奪が行われたことが推測できる。

また，他の著書において，クリールマンはディアスにインタビューを行っている。その記録には，ディアスが，先住民は穏やかでよい人々であるが，ヤキとマヤのみは例外である，と述べたことが記されている。[14] 全ての先住民を迫害するのではなく，ヤキとマヤに迫害の焦点が絞られていることも，先住民の人々全体ではなく，ヤキとマヤが居住していた地域の土地のみに興味が示されていたことを表しているのかもしれない。

農業や鉱業に適していたヤキの伝統的居住地は，メキシコ政府や外国資本の企業の参入によって，次第に大規模なプランテーションへと姿を変えていった。

武力による迫害と同時に，ヤキは法律の上でも，伝統的な土地から立ち退きを迫られていた。メキシコにおいて1883年に制定された「入植および未開地の測量分割に関する法律」は，外国移民を呼び込むために，所有権の「不明」な「未開発」の土地を測量分譲した。ヤキは近代の土地法に組み込まれていなかったため，彼らの土地は「所有権不明」なものとして処分された。結果として，ヤキの伝統的な土地の約3分の1は，測量を担当した外国資本の会社に無償で譲られ，譲渡された土地の多くでは鉱山開発が進められた。[15]

2. 迫害期のメキシコ政府によるヤキ政策

　ヤキの伝統的居住地を開発したのは，リチャードソン建設会社であった。同社の前身は[16]ソノラ・シナロア灌漑会社と呼ばれている。メキシコ政府から購入予定であったヤキ川流域の土地について調査を依頼された人物が，同灌漑会社に提出した報告書が残されている。以下は，メキシコ政府がヤキをメキシコ主流社会に同化させようとしていたことを示す，報告書の一説である。

　　　この状況において，メキシコ政府には彼らを教育し，ヤキにも押し寄せている文明に彼らを溶け込ませる義務があります。政府はこの義務と機会に関して，即座に対応しました。[17]

　報告書に示されている，メキシコ政府の「文明に彼らを溶け込ませる義務」とは，ヤキを対等にメキシコ国民の一員として歓迎することではなかった。メキシコ政府は，先住民の人々をあたかも奴隷のような労働者として扱い，ヨーロッパ系やメスティソのメキシコ人のために働くことを要求した。[18]

　上に示した報告書の他の部分には，ディアスが巧みにプランテーションの経営者や企業などを利用して，間接的にヤキを管理し，「同化」を受け入れなければ「根絶」に追い込もうとした様子が記されている。例えば以下の引用には，一見ヤキに好まれる人物を政府の一員としてソノラに送り込むことで，政府が間接統治を行ったことが記録されている。

　ソノラ・シナロア灌漑会社を運営したのは，コナントという人物であった。コナントは，ラテンアメリカ系の米国人であり，1890年にディアスからソノラ統治を命じられた。[19] コナントとヤキの関係について，ソノラ・シナロア灌漑会社のニューヨーク本社からメキシコに派遣されたメリアムという人物が，以下のような報告書[20]を残している。

コナント氏の影響力を利用したディアス大統領は，これらの計画（ヤキを労働力としてメキシコ社会に取り込み，ヤキ川一体を彼らから取り上げる計画）推進の中心として，非常に難しい任務を負うコナント氏の助力に価値を見出したのであろう。コナント氏は，（ソノラ州に位置する）グアイマスで生まれ，ソノラに古くから住んでいた人として，ヤキの間で知られている。彼はヤキの友人として振舞った。（中略）コナント氏はまさに人情ある様子を見せたので，彼の元を訪れ，彼と接する人々（ヤキ）は，彼を尊敬し，信頼した。ソノラの，古くからのアメリカ大陸の住人（ヤキ）は，コナント氏について強い尊敬と敬意を持っていると話した。[21]

ディアスはコナントにヤキ川にダムを建設する権利を与え，さらにヤキ川の下流における水利権の3分の1を与えた。[22] 同時に，コナントには「灌漑された地域を『植民地化』」[23]し，「（先住民であるヤキを含む）『川付近の住人』から『妥当な』額の水使用料を徴収する」[24]権利が与えられた。その結果，およそ4万468平方キロメートル[25]の灌漑された土地が「植民地化」された。[26] コナントは，ディアスの計画に基づいて，ソノラ・シナロア灌漑会社を通じ，ヤキから土地や現金を徴収した。

　ディアスは，ヤキから土地を取り上げると同時に，それに反抗するヤキの人々を「根絶」するために，奴隷として扱った。ソノラ州の政府もこの政策に加担し，1905年から1910年には，ヤキをユカタン半島に奴隷として移送する計画が実行された。[27] 上に著作を引用した，ディアスの回想録に基づくクリールマンの著作には，その様子が以下のように記されている。

　　ディアス大統領は2つの選択肢に直面している。1つはヤキを根絶すること，もう1つはヤキを他の地域に追放することである。友好を確立するための全ての試みは失敗に終わった。それからというもの，大統領は，武力をもって，5000から6000のヤキを遠く離れたユカタン半島に送った。ユカタン半島のサイザル麻のプランテーションでは，労働力が大変不足していた。ヤキは，プランテーション経営者に労働力として分

配された。[28]

　また，ヤキの奴隷化は，労働力確保以外の目的を果たした。プランテーション経営者によるヤキの監視について記述したものである。

　　このようなプランテーション経営者の下では，ヤキがソノラに戻ることは不可能である。(中略)ユカタンに追放されたヤキは，まさに戦争の捕虜である。彼らは自由になりえない。彼らは武器を所有することも許されず，愛すべき北西部の州(ヤキが伝統的に居住してきたソノラ州)に戻ることもできない。[29]

　イギリスの歴史研究者であるマックリーンは，ユカタン半島への移送は，当時メキシコの先住民社会の2大勢力であったヤキとマヤを近隣に居住させ，双方の力を抑えることを目的としていたのではないか，と指摘している。

　　ディアスは分割統治を信念とした。政治的衝突においては，地域の軍部リーダーと対立する州知事をその知事が当選するまで支持し，その後態度を変えて対抗勢力としての軍部のリーダーと再度手を組んだ。そうすることによって，知事が力を強めすぎることがないようにした。ディアスは先住民に対してもこの考えを広げた。ヤキをユカタンに送ることによって，彼は最も好戦的なメキシコのインディアン(ヤキ)を，2番目に好戦的なインディアン(マヤ)の咽元に置こうとしたのだ。[30]

　ユカタンに送られたヤキについては，今日では資料がほとんど残されておらず，ヤキとマヤがユカタンでどのような関係にあったのか，未だに詳しい研究は進んでいない。しかし，メキシコ政府が望んだような激しい対立は，現実には起こらなかったようである。ケリーは，1970年代に，複数のヤキ女性のライフヒストリーをまとめた著作を出版した。ケリーが聞き取りを行った人々の中に，元夫と共にユカタン半島へ奴隷として売られたチアパと

いう人物の証言が記録されている。チアパによると，ユカタンに送られたヤキは，マヤに大変良い感情を持ち，尊敬した。また，マヤもヤキを尊重し，すれ違うたびに挨拶をした。そして，チアパは次第にマヤ語の単語や挨拶を覚えたという。[31] 一方で，同じくケリーが聞き取りを行ったドミンガ・ラミレスは，子供の頃にユカタンに追放された。ドミンガ・ラミレスは，母親がマヤの人々を「あの動物たち」と呼んだと回想している。[32] しかし，ドミンガ・ラミレスの知り合いには，マヤ男性と婚姻を結んだ女性もいた。[33]

奴隷として，ユカタン半島以外の場所に送られたヤキは，ディアス政権崩壊後にどのような生活を送ったのであろうか。1896年から1969年までの自分のライフヒストリーを『あるヤキの人生』[34]という著書にまとめたモイセスは，1910年にメキシコ南部のオアハカでヤキの奴隷が解放された際，プランテーションの主人は，ヤキに襲撃されることを恐れて，ヤキの人々を殺害したと記している。[35] オアハカで労働させられたヤキもいたが，スパイサーが訪ねたときには，幾つかの家族を残して，すでにオアハカを離れ，ソノラに戻った後だった。[36]

まとめると，メキシコ政府のヤキ迫害は，次のように説明できる。ヤキが伝統的に居住する地域の肥沃な土地を収奪し，メキシコの経済発展のために役立てるために，ヤキを同地域から追放する政策が取られた。政府の追放令に従わなかった者は，「同化」に反抗したと見なされ，奴隷労働を強いられたり，そして先住民族間の闘争を想定して，他の先住民族の近くに居住を迫られたりした。

3. 米国のメディアにおける迫害期のヤキ像

以上にまとめたのが，主に書籍や報告書に表れるヤキの姿である。それでは次に，新聞報道におけるヤキ像について論じたい。ヤキは，入植者によって，戦闘的で孤立した民族であると信じられてきた。そのため，「戦争好きの人種」，「戦闘的な血」，「アメリカ大陸で唯一征服されなかった人々」[37]といった，戦いにおける身体的強さを表す言葉を伴って語られてきた。さらに，

土地の収奪やユカタン半島へ送られることを拒んだヤキの武装蜂起は，こういった彼らの身体的な強さと戦闘性に結びつけられて論じられてきたことが，例えば新聞における報道からわかる。

ディアス政権の1890年代後半からメキシコ革命の始まる1910年の間の，米国の主要な新聞に現れた典型的なヤキの反乱の見出しは，次のようなものである。

「ヤキ・インディアンに殺される」[38]
「再度戦闘へ──ヤキ・インディアンが白人を殺し建物を壊す」[39]
「ヤキ・インディアンはこれまでにない酷さ──攻撃的になったために鉱山が操業停止」[40]
「ヤキ・インディアンの反乱──メキシコ人30人アグアヒテ近くで待ち伏せされる，逃げた者は恐ろしい残虐行為を報告する」[41]

これらの報道からは，ヤキの反乱の背景，つまり，メキシコ政府と，メキシコ政府によって招致された米国を含む外国資本の企業によるソノラの土地略奪と迫害，を推測することは難しい。むしろ，ヤキが戦闘的であり，恐ろしい民族であったというイメージのみが，当時まだ民族の多くがメキシコにいたヤキの人々について，彼らと接することがほとんどなかった米国人の間に広まったことが，容易に想像できる。

そもそも「ヤキの反乱」と称されているメキシコ北西部の武力蜂起は，ヤキのみによって引き起こされたものではなかった。しかしそれらが「ヤキの反乱」として報じられることで，特にヤキのみが暴力的な先住民であるという認識が広まったのである。それを示す例として，本書で取り上げている時期より早い日付ではあるが，1848年8月16日に，メキシコ領カリフォルニア半島に進出していた米国軍内で交わされた書簡を挙げることができる。「カリフォルニア南部で指揮を執る，海軍工廠中佐，ヘンリ・J・バートンより，第一海軍工廠ナグリー司令官への書簡」と題されたこの書簡[42]には，「1848年4月12日，2人の反逆者すなわちヤキ，の射殺について」の報告

書[43]を添付する，と記されている。1848年6月15日付の同報告書には，次のような記述が見られる。

　　50人の騎兵を率い，敵を追っていた，北部第一連隊ヘンリ・M・ナグリー大尉，トドス・サントスにて敵を破り，1848年4月4日ラ・フンタにて敵を捕らえる。2人の捕虜は，マヨのフアン・ホセ・ブレと，カリフォルニア人アントニオ・レジェス。(中略)ブルトン中佐が2人を射殺するよう指示した。[44]

　題名に示されている通り，この報告書では，米軍によって捕らえられた2人の人物が「ヤキ」だとされている。しかし，個人名と詳細を記した上記の引用部分においては，2人がヤキではなく，先住民マヨの男性と，カリフォルニアに住む恐らく非先住民の男性であることが示されている。つまり，捕らえられた人物は2人ともヤキではなかったが，犯罪に関わったという意味を込めて「ヤキ」と称されたのである。
　ヤキの反乱軍の組織についての記述にも，反乱を起こした人々が必ずしもヤキでなかったことが記録されている。19世紀終わりから20世紀の初めにヤキの軍勢を率いた人物の中で，バンデラス，カヘメ，テタビアテの3人の名前は，ヤキでない米国南西部の人々にも比較的よく知られている。スペイン語で「旗」を意味するバンデラスの名で知られる，フサカミアは，1820年代から1832年にかけてヤキの軍勢を率いてメキシコ軍と戦った。バンデラスは，元々，宣教師によってヤキの伝統的社会構造に組み込まれた民族の軍隊の一員であった。バンデラスは，様々な先住民の軍隊から成る同盟の設立を目指した。そして，同盟を成す先住民の自治，独立のために武装蜂起したとの記録がある。[45] 即ち，現在「ヤキの反乱」として伝えられている武力蜂起が，本当に全てヤキのみによって引き起こされたかどうかは，疑わしい。

ヤキに関する報道

　次に，米国の新聞におけるメキシコ国内のヤキに関する報道を，量的に分析したい。米国の新聞記事のデータベースの１つ，プロ・クエスト・ヒストリカル・ニュースペーパー[46]の中で検索できる米国の主要紙，(1)シカゴ・デイリー・トリビューン紙(1849-1986年)，(2)ロサンゼルス・タイムス紙(1881-1986年)，(3)ニューヨーク・タイムス紙(1851-2006年)，(4)サンフランシスコ・クロニクル紙(1865-1922年)，(5)ワシントン・ポスト紙(1877-1993年)，(6)ウォール・ストリート・ジャーナル紙(1889-1992年)の記事では，ヤキはどのように描かれたのだろうか。

　「ヤキ」という単語を含む記事は，これら６紙で4413存在する。[47] 記事数の内訳は，(1)シカゴ・デイリー・トリビューン紙：470，(2)ロサンゼルス・タイムス紙：1837，(3)ニューヨーク・タイムス紙：944，(4)サンフランシスコ・クロニクル紙：272，(5)ワシントン・ポスト紙：805，(6)ウォール・ストリート・ジャーナル紙：85，である。しかし，これらの検索結果には，地名としてのヤキという単語(ヤキ渓谷，ヤキ川など)，特定の個人のニックネーム(ヤキ・ジョーなど)，企業名(ヤキ銅山会社など)も含まれている。それらを除いた検索結果について，最も記事数の多いロサンゼルス・タイムス紙を例に取って，詳しく見てみたい。民族名としてのヤキという言葉を抽出した場合，同紙の記事の数は1169，つまり総数の64%程度である。[48]

　年代順に見ると，1899年から1915年までに，メキシコ内のヤキに関する多くの記事が集中していることが分かる。1900年は，１月にヤキとメキシコの間で「マソコバの戦い」と呼ばれる最も激しい武力衝突が起こった年であった。マソコバの戦いでは，400人前後のヤキが殺害されたとされている。[49] 1915年にはこれといって特別な事件が起こったわけではなかったが，記事によると，メキシコで反政府軍を率いたパンチョ・ビリャ(日本語ではビジャもしくはビージャなどとも表記される)がヤキを多く雇用したのがこの時期であり，記事の多くがそれに関するものであった。

　米国内のヤキに関する歴史を振り返ると，1968年のカルロス・カスタネダによる小説「ドン・フアンの教え」の出版(後の章で詳しく述べる)や，1978

年の米国政府による先住民認定が重要な出来事である。ところが，これらの年に米国内のヤキに関して多くの記事が掲載された様子は見られない。

　地理的に分類すると，ロサゼルス・タイムス紙に掲載された記事の多くは，メキシコに居住するヤキに関するもの(78%)であり，米国内に居住するヤキに関する記事(21%)は比較的少なかった。メキシコに居住するヤキに関する報道のほとんどは1950年までに行われる一方で，米国に居住するヤキについては1950年代以降に報道数が増加した様子が見受けられる。

　ロサンゼルス・タイムス紙に掲載された記事の内容を見てみると，48%が武力または暴力(戦争，殺人，攻撃，追放，迫害など)に関連するものであり，これらの記事の多くは1882年から1938年の57年間に掲載されている。同期間内において，武力，暴力以外の出来事を取り上げた記事の数は，比較的少なかった。

　上記の武力または暴力に関連する48%の記事の内容をさらに詳しく見ると，ヤキの人々によって引き起こされた暴力的な事件(43%)，ビリャ軍を含むメキシコ革命時に反政府軍によるヤキの雇用(17%)，メキシコ政府によって引き起こされた暴力的な事件(16%)，その他(9%)，ヤキとメキシコ政府間に結ばれた和平(5%)，明らかにねつ造された記事(5%)，ヤキの人々に関する基本的情報(3%)，武器の密輸(1%)，ヤキを支援する読者の投稿(1%)に大まかに区分できる。この結果から想像すると，多くの米国人がヤキについて聞き知ったきっかけは，20世紀初頭の武力闘争もしくは暴力的な事件であった。このような報道によって，米国人はヤキを「戦士」のイメージに結びつけた，または彼らが暴力的であると理解した可能性が指摘できる。

　ヤキが戦闘的であるかのような理解が誤っていることを，上記で示した5%の明らかにねつ造された記事の存在が明らかにしている。なぜこの5%の記事がねつ造であると指摘できるかというと，ロサンゼルス・タイムス紙そのものが，記事の出版後に読者に対して訂正記事を掲載し，それらの記事が当時ソノラ州または米国南西部に多く存在した「プロのねつ造記事作家」によって書かれたと説明したからである。例えば1899年8月19日の同紙の記事には，次のように書かれている。

エル・パソとオースティン(両都市とも米国テキサス州に位置する)という，800から1000マイル離れた場所で，ヤキの居住地とは通信手段も何も持たないのに，これらの様々な疑問に対する情報を提供し，報告を行っている。それはソノラの人々を苛立たせ，米国の新聞に対して厳しいことを言わせる事態を引き起こしている。50)

　このようなねつ造記事の数は，筆者が指摘している数よりさらに多いことも想像できる。ロサンゼルス・タイムス紙以外の新聞も，ねつ造された記事について報道している。1906年5月27日付のサンフランシスコ・クロニクル紙は，「ソノラからは噂話や誤った警戒情報が流れており，嘘から真実を切り離すことがほとんど不可能」だと述べている。さらに，次のようにも書かれている。「国境地帯のねつ造記事製造工場の一部は，ヤキの暴動に関する驚くような嘘を報道している。これらねつ造記事のほとんどは人々が考え出し，米国内であたかも実話として広まった可能性が高い。」51)
　嘘と真実の報道が飛び交う状況の中で，新聞各紙は，文章だけではなく挿絵や写真を通じてもヤキについて報じた。マソコバの戦いが起こった1899年には画像を含んだ多くの記事が出版され，そのうち2つはサンフランシスコ・クロニクル紙のものであった。両方がメキシコのヤキに関するものであり，同紙はヤキに関してなるべく正確な視覚的情報を提供するべく努力した様子が伝わってくる。例えば石斧や羽飾りといった，先住民への偏見を表す典型的な図像は，これらの記事の画像には含まれていない。その一方で，それらの画像と共に掲載された文章には「血に飢えた悪魔」，「闘争本能を持った元来の野蛮人」52)，「メキシコ人にとっての恐怖の源」53)といった表現が含まれており，ヤキが実際よりも「戦闘的」であったような印象を受ける。つまり，画像と文章の印象が一致していないことが指摘できる。
　「ヤキの戦士が戦闘の化粧をロサンゼルスの川底で洗い流す54)」と題された1902年2月2日付のロサンゼルス・タイムス紙55)には，ロサンゼルスを訪れているメキシコのヤキの商人の画像が掲載されている。画像には，あるヤキの家族が描かれている。その家族の男の子は，彼らの商品，即ち様々な

鳥の入った籠を持ってポーズを取っている。上に挙げた1899年の記事と同様に，彼らは典型的な先住民への偏見を示す図像を伴って描かれてはいない。そしてこの記事では，記者はヤキの人々にインタビューを行い，彼らの言葉を直接記事に引用している。あるヤキの人物は，このヤキの商人の一団について，彼らは先住民以外の人々の間で平和的に暮らすことを願っており，彼らが米国の人々によってメキシコで戦っている「野蛮な」ヤキの人々と区別されることを願っていると述べた。

　1902年6月8日のニューヨーク・タイムス紙の記事[56]は，上のものと大きく異なっている。画像に含まれているヤキの男性のほとんどは，いわゆる「原始人」のように裸で，銃を抱えている。このように偏見を持って描かれた画像とは対照的に，記事の文章はヤキの人々に対して共感的である。例えば，「彼らは他の先住民と同様に平和的である」，そして，「彼らは働くことを望んでいるが，奴隷としての労働は望んでいない」といった記述がなされている。1908年3月8日のニューヨーク・タイムス紙およびワシントン・ポスト紙の記事[57]には，ヤキの人々のものとは全くかけ離れた儀礼の装束や戦闘服を着た人々が描かれている。これらは，恐らく記者の想像の中で生み出されたものである。しかしながら，記者は「個人的にはヤキに対する扱いは国家的犯罪であると考える」と書きヤキに対して共感を示している。しかし同時に，「2つの人種（ヤキとメキシコ人）は共存できない」，そして，「どちらか弱い者が負ける」と書いている。

　上に示したニューヨーク・タイムス紙やワシントン・ポスト紙のように，相反する考えが1つの記事に含まれていることによって，読者は困惑したのではないかと考えられる。無論，読む側のみならず，書く側の間にも一定の混乱が生じていたであろう。

　先に述べたように，米国に居住するヤキについての記事の多くは，1950年以降に書かれた。しかしながら，それ以前にもわずかではあるが米国のヤキに対する報道がなされた。1929年1月27日のロサンゼルス・タイムス紙に掲載された，アリゾナ州の観光に関する記事[58]には，1人のヤキの老人の写真が掲載されている。この老人は，シャツやズボンといった現代の洋服

(かつ比較的綺麗なもの)で着飾っているが，写真の説明文には「ヤキの路上生活者」と書かれており，画像と文章の内容が一致していない点が指摘できる。

その2年後，1931年3月1日のワシントン・ポスト紙の記事[59]に含まれた写真には，1人のメキシコのヤキ男性が写っている。この男性は，ほとんど裸の状態で，先住民に対する偏見的図像の1つである弓矢を抱えている。説明文には，「この若く勇敢なヤキは，遠い祖先と同じように，弓矢に頼って食物を獲っている」と記されている。ところが，この記事の出版までには，ほとんどのヤキが鉱山での労働や，農業への従事，工事現場での労働などで賃金を得て生活していた。よって，メキシコ国内に居住するヤキに関する記事と同様に，記者もしくは写真家が想像し，作り出したものであったと考えられる。

1960年代以降の新聞記事では，ヤキの普段の生活や文化に関する催し物が記述されるようになったが，それらのほとんどは米国に居住するヤキに関するものであった。このような報道内容の偏りによって，読者は，メキシコのヤキは恐ろしい戦士であり，米国のヤキは友好的な隣人だと認識し，両者が別の集団であるかのように感じるようになった可能性が指摘できる。

すでに述べたように，メキシコおよび米国のヤキに関する米国の新聞を通じての報道には，多くの偏見が含まれていた。それでは，当時のヤキは，実際にはどのような人々であったのだろうか。アルファベットを借用しての記述は時に行われていたものの，本来ヤキ語には記述文字がなく，民族の情報伝達は口頭伝承に依存していた。さらに，当時メキシコに居住していたヤキは必ずしもスペイン語の教育を受けていたわけではないために，彼らが直接書き残した記録を探すことは難しい。しかしながら，ヤキと関わった人々によって残された資料の端々から，当時のヤキの人々の姿をうかがい知ることができる。

メキシコ国内で，ヤキ川流域の開発に伴って産業が発達すると，ヤキの人々は労働者として雇用されるようになった。雇用の場としての鉱山や農業，鉄道建設現場は，ヤキとメキシコ人労働者，および米国資本の流入によって移住してきた米国人労働者の「出会いの場」となった。彼らが出会った時の

様子は，様々な資料に記述されている。

　以下は，メキシコのソノラ州で操業していた，米国資本のヤキ銅山会社によって残された資料である。

　　　ヤキ・インディアンは，鉱山労働者の多くを占めている。彼らは技術の習得が早く，良い鉱夫である。着実に，まるで小さなビーバーのように仕事をこなし，良い結果を残す。近くで観察を重ねた末の結論はこうなる。彼らは，3分の2の労働を米国人鉱夫の4分の1の給料でこなし，さらに良いことには，米国人労働者のもたらすような問題(本文によると，酒を飲んで暴れるなど)を全く引き起こさない。[60]

　次は，灌漑会社によって1905年に記された資料の記述である。

　　　なぜなら，彼ら(ヤキ)は忍耐強く，誠実な労働者だからです。我が社の水路を掘るにあたり，さらに実際の土地の耕作にあたり，安く，信頼できる労働力です。サンタフェ鉄道(米国内の主要な鉄道会社の1つ)の所有者から，果樹園の農園主に至るまで，そして土木技師など，全ての情報源が，ヤキは使いやすくよい性格をしていると一様に述べています。[61]

　上の資料には，ヤキが真面目な労働者であった様子が記録されている。これらの資料に現れるヤキは，先に挙げた米国内の新聞の報道の様子から受けるものとは全く異なった印象を持つ。

　さらに，ダム建設の作業場で起こった出来事について，米国北西部に位置するペンシルバニア州の歴史学者であるリチャードが，次のような記録を残している。

　　　彼ら(ヤキ)は働き者だ。彼らはお金のために働き，給料を望む。当然，他のほとんど文明化されていない人々は，物々交換以外の取引の方法を知らない。ヤキは(米)ドルとその意味を理解している。[62]

ここには，ヤキが貨幣経済の仕組みを理解していたことが，まるで特別なことのように記されている。その背景には，雇用者である入植者が，被雇用者である先住民の人々を「非文明的」であると信じていた点が想像できる。その考えの表れの一例として，1903年にヤキ銅山会社から発刊された年報[63]に掲載された，同社の社章が挙げられる。

　ヤキ銅山会社の操業場所と，ヤキの伝統的な居住地域は重複していた。よって，同会社にとってヤキの人々は最も身近な先住民であった。そのため，社章に描かれた人物の顔には，当時の一般の人々が思い描いていたヤキのイメージが投影されていたことが推測できる。同会社とヤキの人々が接触したのはメキシコ国内であったが，長い直毛，鉤鼻，矢，手斧といったデザインに，米国において，入植者が先住民に投影した典型的な特徴が見られる。

　また，図2-1において，例えば羽飾りのついた頭飾りや，革張りの太鼓といった，戦闘とは必ずしも関連しない先住民的ステレオタイプの表象ではなく，斧や金鎚，矢といった武器のような表象のみが取り上げられていることからは，先住民の戦闘性が特に強調されていることがわかる。さらに，この時代には銃がすでに普及していたにもかかわらず，いわば時代遅れの武器を表象として用いている点からは，「原始的」なイメージが付与されていたこともうかがえる。

　この肖像があくまでもイメージ上のヤキ像であり，現実の彼らの姿とは異なっていたことは，同時代に撮影された図2-2の実際のヤキの姿と比べれば明らかである。

4．ヤキの米国集団移住の再考

　先にも述べたように，メキシコ革命直前のディアス政権による民族の迫害と，メキシコ革命期の混乱から逃れるために，当時メキシコ側に居住していたヤキの一部が米国に渡った。彼らの主な定住先はアリゾナ州やカリフォルニア州といった米国南西部であり，米国領になったばかりのアリゾナ州南部では，国境に近く，アリゾナ州内では大きな都市であるトゥーソン市が，定

図 2-1　ヤキ銅山会社，社章
"Yaqui Copper Company 1903: 表紙. Courtesy of The Bancroft Library, University of California, Berkeley.

図 2-2　20 世紀初頭に撮影されたヤキ男性
"No. B8, Signing a Peace Compact." Yaqui Photograph Albums. 1908. Courtesy of The Bancroft Library, University of California, Berkeley.

住先の中心地となった。

　現在までに残されている資料から推測すると，当時のヤキは，メキシコからトゥーソンに至る独自の入国ルートを持っていたと考えられる。例えば，次の資料には，ヤキの歴史についての記録が，そういった「非公式」のルートを通じて，メキシコ政府の目を盗んで米国に運ばれたことを示している。

　　ソノラの(ヤキの)長老たちは，「(ヤキの)歴史(に関する資料)」を(米国のヤキや研究者に)提供することを決めた。(中略)メキシコ人は郵便物の往来を妨害したので，ヤキの人々は他の方法を試みた。彼らは文章を布に記し，シャツの内側に縫いつけた。そして走者がそのシャツを着て，トゥーソンへの秘密の道を通じて(資料を)運んだ。(テキサス出身の移民局の官僚で，難民であったトゥーソンのヤキと関わっていた)ウィリアムスによる

と，1，2週間に1度は走者が「シャツ一杯の歴史」をまとって，トゥーソンに到着したという。[64]

　北米大陸の先住民にとって国境とは，彼らが伝統的に居住していた土地を分断した，植民地的支配の産物であった。そして国境の設定によって，様々な民族が分断されたり，土地を失ったりしたために，国境は否定的な観点から捉えられることが多い。しかし皮肉なことに，迫害期のヤキの場合，国境を越えることによって，民族に関する資料や人々の命が助かったのである。彼らにとっての国境は，いわば国境の片側に位置する国家の力から民族を守る盾のような役割を果たしていた。同時に，20世紀初頭のヤキは，越境した後も，ソノラの伝統的居住地でメキシコ政府と戦うヤキの人々を支持し続けた。革命時，米国はメキシコよりもはるかに物資が豊かであり，武器に限らず，アルコールや麻薬を含む様々な物資が米国からメキシコに密輸された。[65] そして，米国側に居住するヤキの人々も，メキシコ側のヤキの人々に，武器を始めとした物資を非公式なルートを通じて提供し続けた。

　米国に渡ったヤキは，ソノラよりも経済的に豊かであったアリゾナで労働者として働き，その賃金の一部を用いて，ソノラのヤキに届ける最新鋭の武器を購入することで，ヤキの反乱を支えた。結果として，ヤキの軍隊は時にメキシコ軍よりも優れた武器を装備していた。ヤキの人々が持つ武器の性能が優れていることについて，1899年8月5日付の新聞記事では以下のように報じられている。

　　　第2に（ヤキが強い理由は），ヤキの装備が良いからである。彼らはウィンチェスターのライフルを持っている。それに比べて，メキシコ軍はレミントンしか持っていない。[66]

　ウィンチェスターとは，当時最先端の武器とされていた連発銃式のライフルであり，レミントンとは，やや旧式で単発の銃を指す。特に遠隔からの戦いには明らかに連続射撃のできるウィンチェスターのライフルの方が有利で

ある。

　米国側のヤキからメキシコ側のヤキに対する武器や物資の密輸は，次第にヤキ以外の人々にも知られるようになった。1907年に，米国政府は，ヤキによる米国からメキシコへの武器の密輸疑惑について調査を行い，報告書を作成した。同報告書の作成には，在トゥーソン・メキシコ領事館，アリゾナ州政府，アリゾナ州南部の様々な郡の保安官事務所などが資料を提供した。報告書によると，ヤキの武装を支援するために，組織的にライフル，カービン銃，ピストル，弾薬がアリゾナからソノラに密輸されていた。[67] 密輸は長期に及び，報告書の作成から20年後の1927年にも，ヤキがメキシコへの武器輸出に関わっていたとの記事が，アリゾナの新聞に掲載された。

> 　先住民(ヤキ)は，物資に関して，メキシコ国外からの資金の提供を受けていた。昨日逮捕された先住民は，大量の米国貨幣を持ち運び，彼らの運んでいた弾薬と武器は，米国製だった。[68]

　米国南西部の歴史学者であったソニッチセンは，1931年にアリゾナのヤキの一部が，メキシコ政府が彼らに恩赦を与えて身の安全の保障をするならばソノラに帰りたいと米国政府に訴え，米国政府がメキシコ政府と交渉した，と記している。[69] この件については，メキシコ政府が交渉に応じなかったために伝統的居住地への帰還は実現しなかった。しかしながら，この出来事は，メキシコにおける迫害時のヤキの米国への移住は，単に自らの身の安全を確保するという目的のみでなく，民族全体を守るための拠点を米国に形成するためでもあったことを示している。つまり，米国へのヤキの越境と移住は，メキシコにおける伝統的居住地の放棄や，ヤキとしての民族的アイデンティティを捨てることを意味するわけではなかった。

　おわりに

　この章で述べたように，米国に入国する前にも，すでにメキシコにおけるヤキの人々に関する話題は，新聞での報道や米国議会での議論を通じて，米

国の一部の人々の知るところとなっていた。そして，米国の人々は，米国領内でヤキの存在が忘れ去られ，メキシコのヤキが米国に流入する以前の彼らの姿を，当時の米国に広まっていたステレオタイプ的な先住民像に当てはめることによって理解しようとした。米国に移住したヤキの人々は，自らの文化や社会を守る拠点を形成すると同時に，国境の反対側でメキシコ軍と争っていたヤキの人々を支援していた。続く章では，現在のパスクア・ヤキの人々の祖先が米国に移住した後の出来事について論じたい。

1) Spicer 1980: 50-52.
2) メキシコ史上で最も著名な大統領の1人。スペインから独立したメキシコ全土を初めて実質的に統括し，欧米の制度や文化を導入して近代化に努めた。結果としてメキシコは高度経済成長を遂げた。一方で，貧富の差を拡大させると同時に，不満を持つ人々に対して警察部隊と軍隊を用いて力での抑圧を図るなど，強権政治を行ったとして知られている（国本 2002: 221-222）。1880年から1884年は，マヌエル・ゴンサレスが大統領を務めたが，その間もディアスは一定の権限を持ち，実質的には1876年から1911年までのメキシコはディアスの独裁政権下にあった（国本 2002: 220）。ディアスの独裁制は「ポルフィリアート（Porfiriato）」すなわちディアス時代と呼ばれる（ラテンアメリカ協会 1996：845）。
3) Spicer 1980: 330.
4) Department of the Interior, Office of the Secretary 1907: 1.
5) 66th 1st and 2nd sess. 1919-1920: 167.
6) 大田 2007: 196.
7) 国本 2002: 225.
8) ibid: 232.
9) Turner 1984: 29.
10) Whitaker 2002: 19.
11) Creelman 1911: 407.
12) ibid: vi.
13) ibid: vi.
14) Creelman 1963: 245.
15) 国本 2002: 226.
16) Evans 1998: 377.
17) Merriam 1892: 8.
18) 国本 2002: 225-226.

19) Evens 1998: 376.
20) Merriam 1892.
21) ibid: 9.
22) Evens 1998: 376.
23) ibid: 376.
24) ibid: 376.
25) 100万エーカー。
26) Evens 1998: 376-377.
27) Spicer 1980: 160.
28) Creelman 1911: 407.
29) ibid: 407.
30) McLynn 2000: 9.
31) Kelly, J. H. 1978: 137.
32) ibid: 160.
33) ibid: 165.
34) Moisés 1971.
35) ibid: 28.
36) Spicer 1980: 161.
37) Holden 1936: 114.
38) *New York Times*. January 17, 1895.
39) *New York Times*. December 24, 1896.
40) *Los Angeles Times*. October 29, 1900.
41) *New York Times*. June 5, 1902.
42) *Naglee Family Papers*, MR 505.
43) *Naglee Family Papers*, MR 507.
44) ibid: 2.
45) Spicer 1980: 130-133.
46) Pro Quest Historical Newspaper.
47) Pro Quest Historical Newspaperの検索エンジンによる。アリゾナ州内の新聞はまだこのようなデータベースに登録されておらず，数量調査の実施が困難である。また，全ての記事をダウンロードおよび閲覧した後，重複する記事が別名で登録されている場合は一方を削除するなど，筆者による多少の手作業が加えられたため，検索結果として表示される数との間に差異が生じている。
48) 調査は，pdf内の単語を検索する機能を備えたフリーソフトである「探三郎」を使用し，2009年に行われた。
49) Spicer 1980: 153.

50) Kelly, A 1899: 7.
51) ibid: 4.
52) *San Francisco Chronicle*. August 6, 1899: 6.
53) *San Francisco Chronicle*. August 12, 1899: 12.
54) "Yaqui Warriors Wash off Their War Paint in the Los Angeles River Bottom."
55) *Los Angeles Times*. February 2, 1902: C1.
56) *New York Times*. June 8, 1902: SM8.
57) Bonsal 1908(a): MS6; Bonsal 1908(b): RF4.
58) *Los Anglges Times*. January 27, 1929: K2.
59) Ren 1931: Mf1.
60) Yaqui Copper Company 1903: 44.
61) Yaqui Copper Company から J. P. Fiebig へ宛てられた書簡 1905: n. pag.
62) Richards 1913: 83.
63) Yaqui Copper Company 1903.
64) Holden 1936: 7.
65) Sandos 1984: 191-192.
66) *Arizona Daily Star*. August 5, 1899.
67) Department of the Interior, Office of the Secretary 1907: 2.
68) *Tucson Daily Citizen*. May 12, 1927.
69) Sonnichsen 1982: 240.

第3章　米国南西部における観光産業と先住民

　メキシコに居住していたヤキが米国に流入する半世紀程前，現在パスクア・ヤキ・トライブの保留地が位置するトゥーソン市を含む領土を，米国がメキシコから購入した。一方で，米国に移住したヤキは，観光産業などへの参加を通じて，トゥーソンに居住するヤキ以外の人々とつながりを持ちながら生活するようになった。

1. アリゾナ州トゥーソン市の米国編入と開発

　メキシコでヤキの迫害が始まる30年前の1846年から48年まで，米国とメキシコの間に米墨戦争が起こっていた。その結果として，米国とスペインの間にグアダルーペ・イダルゴ条約が結ばれ，同条約によって米国メキシコ国境は現在の位置に近づいた。それに引き続き，メキシコから米国への領土割譲である，1853年のガズデン購入[1]によって，現在のトゥーソンを含むアリゾナ州南部およびニューメキシコ州の南部は米国に併合された。

　アリゾナは，準州としての位置付けを経て，1912年に州となった。トゥーソンはガズデン購入によって新たに米国領となった地域の中心となる都市であった。しかしながら，東部はもとより，気候も温暖で農耕地にも恵まれ，海に面していることからアジアからの移民も定着しやすかった西海岸の大都市（例えばロサンゼルス，サンフランシスコ，シアトルなど）と比較すれば，トゥーソンは人口も少なく小さな街であった。ちなみに現在，アリゾナ州の州都はフェニックス市で，トゥーソンは第2の都市となっている。パスク

図3-1 米国の領土拡張

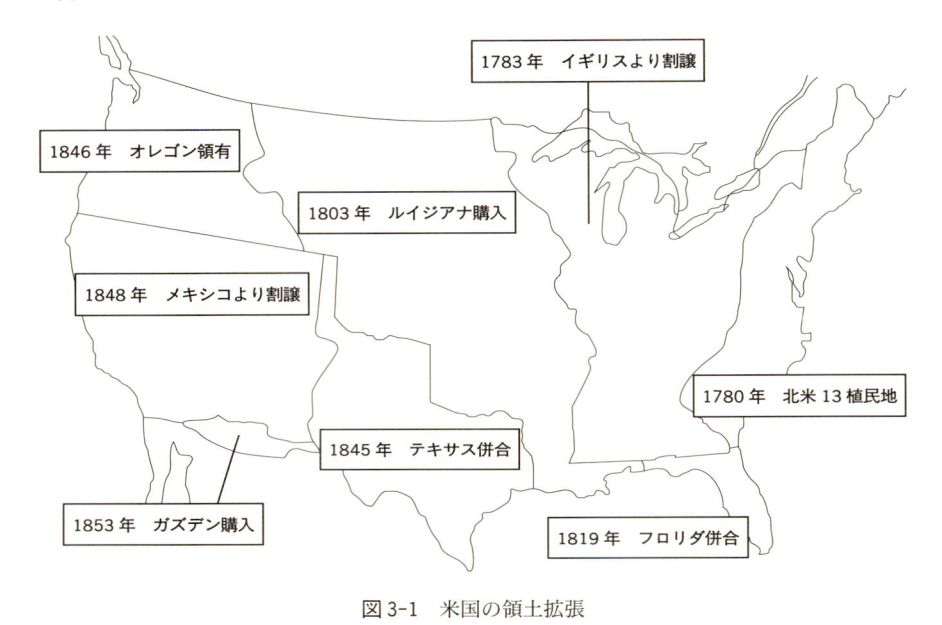

ア・ヤキ・トライブの保留地は，都市の中心部からは外れているものの，トゥーソン市内に位置している。

　長い期間その土地に暮らしてきた先住民にとっては，内陸で砂漠地帯の南西部に位置するトゥーソンの環境は，砂漠に住む動物の狩猟や，サボテンの実や葉などの収穫で食料を入手できる「肥沃な大地」であった。しかしながら，先住民とは生活様式も考え方も異なるヨーロッパからの入植者にとっては，砂漠での生活は過酷なものであり，トゥーソンが住み心地の良い土地となるためには，様々な難点が克服される必要があった。例えば地理学者のウィルソンは，(1)他の都市との間の交通の利便性が高まり，情報伝達速度が上がること，(2)居住する人々が砂漠の気候に慣れること，(3)食糧の生産力が高まること，(4)厳しい気候に対処するための技術が発達すること，によって，初めてトゥーソンの人口増加が可能となった，と論じている。[2]

第 3 章　米国南西部における観光産業と先住民　65

図 3-2　サザン・パシフィック路線
Southern Pacific Company. *Southern Arizona*. 1928. University of Arizona library, special collection.

鉄道と高速道路

　トゥーソンの市域拡大をもたらした様々な要因の中でも，特に重要だったのは鉄道と高速道路の建設であったとされている。

　サザン・パシフィック鉄道[3]は，当時米国における主要な鉄道会社の 1 つであった。同鉄道は 1865 年に設立され，1880 年にトゥーソンまで路線を拡張した。鉄道路線の開通は，ウィルソンの言葉を借りれば，「交通の利便性と情報伝達速度の向上」に役立った。事実，主に鉄道開通によって，トゥーソンの人口は 1900 年までに 7500 人を突破し，アリゾナ州で最も大きな都市となった。[4]

　図 3-2 はサザン・パシフィック社の発行したパンフレットに掲載された地図の 1 つである。この図の見出しである「西へのすばらしき道(Wonderful Ways West)」というキャッチコピーが示す通り，同社の路線は，東から西への人々の移動を目的として建設された。1952 年に出版されたパンフレットには，同鉄道は「西への進出の象徴(A Symbol of Western Progress)」と謳われ

ている。[5]

　1933年には，トゥーソンの人々によって，トゥーソンの北東部を取り囲むようにそびえる山脈を横断する高速道路であるカタリーナ高速道路の建設要望が米国政府に提出され，許可された。住民が建設希望の要望書を提出した経緯は次の通りである。ある程度人口が増加すると，トゥーソン居住者から，同市内に保養地を作ろうという動きが高まった。というのも，この地域は特に夏場は大変埃っぽく暑い一方，州外へ避暑に出ることができるほどの経済力を持たない労働者層に属する住民が多かったからである。そのような人々が，手軽に厳しい気候から逃れる場所として，トゥーソン郊外に位置するレモン山が候補に挙がった。[6] レモン山は，砂漠の中に立地しながら，高い標高のために気温が低く，冬は雪が降ってスキーが楽しめるような場所である。このレモン山に至る道として，高速道路の建設が提案されたのであった。高速道路の開通によって，レモン山が気軽に訪れることのできる場所となり，トゥーソン市内に居住する人々に対する避暑地となったことは，ウィルソンの言う(2)に関連して，トゥーソンという砂漠地帯の都市における居住環境を改善したと見ることができるだろう。

芸術家の移住

　交通の便が良くなると，ある程度の居住の便の良さがありながら，世俗の喧噪を離れた場所を求めて，トゥーソン周辺に芸術家や歴史家が移り住み始めた。彼らが作品のモチーフとしたのは，入植者にとってエキゾチックに映る南西部の景色や，他者としての先住民であった。[7] ニューメキシコ州サンタフェや，近郊のタオスという町には，多くの画家が移り住んで南西部を描き，現在でも観光地として有名である。歴史学者のブライアントによると，一部の画家は，いわば美術館に収蔵されるような芸術作品のみでなく，本や雑誌，さらには絵葉書といった商業的媒体への掲載を目的とした芸術活動を行い[8]，国際的に高い評価を得た。[9] トゥーソン周辺では，トゥバックという小さな町に芸術家が集まった。トゥーソン市内にアトリエを構えて活動を行った画家としては，デ・グラチアが最も有名であろう。デ・グラチアは，

ヤキの復活祭儀礼を中心とした伝統文化をテーマとした絵画を多数制作した。デ・グラチアが暮らし，創作活動を行った家は，トゥーソンの市街地からは外れているが市内に位置し，現在は小さな美術館となっている。

　19世紀から20世紀初頭にかけて，南西部の自然や人々，そして先住民が描かれ，作品として公開されることは，一般の芸術作品が発表される以上の意味があった。芸術家が先住民の人々をエキゾチックに描くことは，先住民を米国への入植者と対等にではなく，「鑑賞物」として位置付けることを意味した。つまり，北東部を中心とした米国主流社会にとっての米国南西部は非日常的な場所であり，南西部に位置する物やそこに居住する人々は観察の対象であったのである。例えば歴史学者のディルワースの研究は，米国の主流を成す北東部の社会を構成する人々が，差別的なステレオタイプを用いて南西部を描いたことを指摘している。[10] 鑑賞物としての先住民の表象を楽しみ，売買した入植者と，鑑賞の対象となった先住民の人々との間には，明らかな力関係が存在した。ニューメキシコ州を中心とした米国南西部をフィールドとして人類学の研究を行っているウィーグルは，観光産業は，米国南西部を「野蛮な砂漠(savage desert)」から「ディズニーランド」に変えた[11]と表現している。この表現は米国南西部における先住民の観光化を的確に言い表している。さらに，芸術作品に現れる表象を分析することによって，米国の地域研究を試みたグランツは，南西部を描く際に好んで用いられた表象は，南西部への入植や先住民への征服活動を正当化したと論じている。[12]

2. 米国南西部の開拓と観光産業の振興

　南西部を描いたのは芸術家だけではなかった。米国南西部の地域研究を歴史学の観点から行っている，フランカビグリアは，鉄道各社は，鉄道を観光産業に結びつけるために，南西部を異国情緒あふれる土地として宣伝することによって，南西部の「オリエント化」に拍車をかけたと指摘した。[13] ディルワースの言葉を借りれば，「米国のオリエント，即ちユートピアの集

落」[14]化されていったのであった。オリエントのイメージは，時代や状況，イメージの発生する場所において変化し続けてきた。その中には否定的なイメージもあったが，20世紀初頭の米国における，観光産業を含む娯楽産業では，「ロマンティック」な「ユートピア」といったような，偏見を含みながらも肯定的なものが一般的であったようである。[15]

その様子は，例えば政府や観光局発行のパンフレットに明確に現れている。1870年代から20世紀初頭のカリフォルニアにおいて，サザン・パシフィック鉄道が月刊誌を通じて旅行者や移住者を呼び込むための宣伝を続けたということを，歴史学者のオルシは指摘している。[16] さらに，現在のニューメキシコ州北部に位置するサンタフェ市を拠点としたサンタフェ鉄道の展開した事業についても様々な研究がなされている。例えば，ディルワースは，サンタフェ鉄道の広報活動と，同社に関連した旅行社であるフレッド・ハービー社による，アリゾナ州およびニューメキシコ州に居住する先住民ホピを巻き込んだ観光産業の展開について考察を行った。

当初米国政府は，アリゾナの入植を促進するために，農業や鉱業といった経済活動における潜在的可能性などの実益に焦点を当てて宣伝を行った。例えば1890年には，ブラックという人物によって，『アリゾナ：太陽と銀，健康と繁栄のアリゾナ：家のために理想の土地』[17]という文書が発行されている。同文書には，ブラックがワシントンDCの議会図書館内移民局の相談役であったことが示されており，南西部への国内移民の増加を狙って同文書が発行されたことが示唆される。

そして，時間が経つに従って，アリゾナはエキゾチックな観光地として宣伝されるようになった。つまり，観光業が経済活動と植民拡大に結びつけられるようになったのである。例えば，サザン・パシフィック鉄道と並んで主要な路線であったロック・アイランド鉄道は，パンフレット[18]の中で，南西部に点在する観光施設を「南西部の砂漠の海の，オアシスの群島」である「アッラーの庭」と呼び，潜在的な観光客である読者のエキゾチズムを掻き立てた。

パンフレットの題名である「アッラーの庭」は，イギリスの劇作家であり

第3章 米国南西部における観光産業と先住民　69

図3-3　ロック・アイランド鉄道の
　　　　パンフレット

Rock Island and Pacific Railway Company. *The Garden of Allah: Arizona, California*. Max Lau Colortype and Lithograph Corp. 1934. The University of Arizona library, special collections.

図3-4　ミュージカル「沙漠の花園」の
　　　　パンフレット

Asa Cassidy. *The Garden of Allah, Souvenir book*. n. d. Courtesy of The Shubert Archive.

ジャーナリストであるヒッチェンスが1904年に発表した小説の「沙漠の花園(The Garden of Allah)」から取られたと考えられる。小説および映画の概要は次の通りである。敬虔なカトリック教徒のドミニは，母親が駆け落ちし，父親の死んだ後，英国からサハラ砂漠へやって来る。チュニジアの小さな街で，ドミニはボリスという男性と知り合う。2人は恋に落ち，結婚するが，ボリスが修道院から逃げてきた修道士であることが明らかになる。ドミニはボリスを修道院に送り届け，2人は永遠に別れる。[19] 歴史学者のクウィンによると，この小説は，1936年に映画化された他，ロンドンとブロードウェイでミュージカルとしても公開された。[20] さらにクウィンは，映画化され

た同作品は，1929年公開の「砂漠の歌(The Desert Song)」，1921年公開の「シャイク(The Sheik)」と並んで，1920年代から30年代に米国と英国におけるアラブの民族イメージ形成に最も大きく関与し，そのイメージは後世に引き継がれたとしている。[21]

また，クウィンは，「沙漠の花園」の中では，宗教としてのイスラームは注目されていない一方，文化としてのイスラームには関心が払われ，ロマンティックなイメージが与えられたと述べている。[22] そしてこのパンフレットでも，ロマンティックな文化としてのイスラームのイメージに，米国南西部を結びつけようとしている様子が，例えば「ロマンスの地……過去と現在，古い世界と新しい世界をつなぐ場所」[23]といった表現に現れている。

他にもこのロック・アイランド鉄道のパンフレットでは，米国南西部を，エジプトを中心としたオリエントを繰り返し引き合いに出しながら紹介している。

> (1月に，温暖な南西部を訪れる観光客は，)昨年の寒い1月を思い出して，笑みを浮かべる。そればかりではない。ここ数年の1月を，地中海やナイルのほとりで過ごした人々の顔にも，笑みが浮かぶ。(中略)エジプトでは，ほとんど忘れられた君主の墳墓を朝に訪れることがあっても，同じ日のうちに(アリゾナでのように)ポロの試合を観たり，雄大な山々に向かって叫んだりすることはできなかっただろう。[24]

> アリゾナの砂漠の砂は，滅びた人々の足跡で溢れている。(中略)彼らはこの土地(南西部)に，エジプトや小アジアの特徴である古代の文物やロマンスと同じ色合いを与えた。[25]

> 想像を広げ，流浪の民ベドウィン(中東地域に居住する遊牧民)を(米国南西部に居住する先住民である)カウィラ・インディアンに置き換えれば，広大な南西部の砂漠を，アラビアの砂漠や広々としたサハラの砂丘と見なすことが，容易にできるだろう。[26]

第3章　米国南西部における観光産業と先住民　71

　観光パンフレットにおけるこういった表現によって，南西部は米国内の「エキゾチック」で「ロマンティック」なオリエントとしてのイメージを与えられた。シャーバンは，逆に19世紀にベドウィンを米国先住民に重ね合わせるなどして，アラブ世界を南西部に似た地域として理解しようとした米国人の旅行者や政治家が存在したことを指摘している。[27]

　さらに直接的に，アリゾナを「米国のエジプト」と表現した観光局もある[28]（図3-5参照）。まさに，米国の人々にとってのアリゾナを含む米国南西部は，ギリシャやローマ，エジプトより地理的に近く訪れやすい，古代文明を体験できる地[29]として知られるようになっていった。前の部分で，米国南西部の古代先住民文化について触れた。それらの遺跡もまた，観光化する南西部において主要な観光資源となった。

　加えて，アリゾナの自然も観光資源となった。トゥーソン近郊におけるレモン山のリゾート開発にはすでに触れたが，その他には，現在では世界遺産に指定されているグランド・キャニオンや，先住民ナバホの保留地内に位置し，映画撮影によく利用されるモニュメント・バレー，トゥーソン郊外のサボテン林であるサワロ国立公園などである。ソニッチセンは，政治家が，冬も温暖なトゥーソンの気候を，何よりも大きな宣伝材料であると考えていたことを，トゥーソン太陽気候クラブと名付けられた会員制の旅行会社設立の歴史を交じえながら指摘した。[30]　この点も，遺跡や自然の美しさに加えて，エジプトを始めとするオリエントや地中海地域と南西部に共通する点であろう。

エキゾチックな南西部と工芸品
　この時期の米国に「エキゾチック」で「古代文明」を備えた米国南西部が求められた背景には，米国の国家的なアイデンティティの構築過程が指摘できる。

　ヨーロッパからの入植者は，新大陸の先住民を排除することによって土地を獲得し，生活圏を広げていった。しかし皮肉なことに，米国が独立を果たした後，文化的にもヨーロッパからの差異化を図ろうとした時，米国人は

図 3-5 「アリゾナ——アメリカのエジプト」の表紙

Conoco Travel Bureau. *Arizona "The Egypt of America"* Denver: Conoco Travel Bureau. 1933. The University of Arizona library, special collections.

図 3-6　1894 年サンフランシスコ冬季万国博覧会におけるヤキの「展示」
"Yaqui Indians from Yaqui River, Mexico." *Souvenir of the California Midwinter International Exposition*, 1894: 68. Courtesy of The Bancroft Library, University of California, Berkeley.

「米国らしさ」の一部を先住民文化に見出そうとした。同時に，先住民文化を過去のものと位置付けることで，米国は自らが工業的近代文明の進んだ国であることを強調しようともした。その様子は，19世紀以降の万国博覧会で，米国が工業製品と共に先住民の人々を展示した様子に現れている。[31] ヤキも世界中の他の先住民族と同様に，19世紀末に米国サンフランシスコで開かれた万国博覧会で「展示」された (図 3-6 参照)。

　同万博が開かれた頃までには，北東部の主流文化はすでにヨーロッパ化し，先住民の多くもすでに同地域から排除されたか，後にオクラホマ州となった中西部のインディアン準州などに移住を強いられていた。ところが，1853年のガズデン購入によってメキシコから新たに加わった現在のアリゾナと

ニューメキシコ両州の一部には，19世紀末になっても様々な先住民族がまだ民族の伝統的な土地に居住しており，伝統文化が比較的守られていた。そこで，いわば「手付かず」の南西部の先住民文化が，米国先住民諸文化を代表して，米国の国家的アイデンティティを構築するために利用された。

米国政府による先住民の子供の教育は，長い間主流社会の子供に対する教育とは別個のものとして行われていた。米国政府による先住民への教育の機会提供が始まったのは，1819年の「文明基金」設立に伴って，キリスト教の価値観に沿った学校の開校による。1839年には，カンザス州にキリスト教系のインディアン学生向けの手工芸学校(manual labor school)が設立され，その後，同校をモデルにした先住民向けの学校が全米各地に開校した。このような学校は共学であり，学生は主に農業や家事の技術と英語を学んだ。[32]

1889年からは，先住民の学生向けの寄宿舎学校であるインディアン学校(Indian school)の設立が政府によって奨励された。インディアン学校では，賃金労働が「文明化」の基礎であり，労働者としての技術を身に付けて「文明化」されることが先住民によっての幸せであるという考えの下で，手工芸学校よりも高度な工業分野での技術教育が提供された。[33] また，先住民の子供を家族から引き離し，米国の主流社会の一員として育てることが奨励された。[34] しかしながら，学生確保の難しさや，卒業後に保留地に戻るものの，保留地の生活に馴染めない卒業生の増加などの問題が生じるにつれ，寄宿舎学校は通学制の学校へと変えられていった。[35] さらに，1930年代のインディアン再組織法の一環として，インディアン学校の廃止と通学制の学校への転換が促進された。[36] その後現在までにほとんどのインディアン学校が閉鎖したものの，現在まで運営が続いている学校もある。サンタフェ・インディアン学校や，カリフォルニア州リバーサイドのシャーマン高校は，それらの一部である。

手工芸学校やインディアン学校が盛んだった頃の米国において，ヤキは先住民ではなく難民であると見なされていたため，米国政府の推進した先住民教育制度の転換に大きな影響を受けることはなかった。しかし，オクラホマ州にあったチロッコ・インディアン学校の音楽部のパンフレットには，ヤキ

の学生が在籍していたことが示されており[37]，一部のヤキの子供たちはインディアン学校で学んでいたことがうかがえる。

インディアン学校には工芸部門が併設され，先住民の工芸品生産の中心を担うべく教育が行われた。[38] 同時期には，米国大手のデパートの1つであるメーシーズが，米国政府の助言を受けて，南西部地域の先住民によって作られた工芸品のキャンペーンを行ったという記録も残されている。[39] 現在米国には様々な先住民族が居住しているが，全ての民族の工芸品が一般の市場で売り買いされるわけではない。非先住民の間で最も頻繁に取引される先住民の工芸品は，銀やターコイズを使った装飾品，籠，毛織物，カチーナと呼ばれる人形などである。このような工芸品の多くは，南西部の先住民によって生産される。新規に米国に加わった南西部の先住民文化が，米国の先住民文化を代表するという不思議な状況は，このようにして定着したのである。

インディアン学校での教育を通じた先住民の工芸品政策の推奨に加えて，1929年に起こった世界恐慌は，先住民工芸を全米に広めるきっかけになった，との分析がある。アリゾナの史跡保護に携わっているコリンズによると，1930年までに米国には工業化と共に大量消費文化が定着したが，大恐慌によって大量消費文化があっけなく崩壊するのを目の当たりにした人々は，米国社会から消滅しつつあった手工芸に価値を見出すようになった。[40] さらに，1939年のサンフランシスコ万博における先住民の工芸品展示を通じた宣伝によって，先住民による工芸品は高値で取引されるようになった。コリンズの研究によると，主流社会の米国人への工芸品販売を目的として，この時期から非先住民的なデザインと伝統的なデザインを組み合わせた工芸が増加した。[41] 同万博の開催は1934年のインディアン再組織法施行後であり，各先住民族にインディアン局の定めるトライブ政府が設立された直後であった。工芸品の流通増加に伴って，各トライブ政府は，独自に民族の工芸品に関する宣伝を始めた。トライブ政府内に工芸関連に特化した部署を立ち上げた民族も多かった。例えばトオノ・オータムは1938年9月に工芸委員会を，ナバホは1941年に工芸組合を設置した。[42] 加えて，インディアン再組織法

施行と前後して，米国政府が1933年に国民芸術計画を開始し，ニューメキシコ州で45人の先住民芸術家や工芸家を雇用することにより，ニューメキシコとアリゾナの先住民による芸術作品や工芸の保護と発展を目指すなど，様々な組織によって先住民の工芸品製作と販売が促進された。[43]

　ちなみにヤキの工芸家たちが，上に挙げた先住民族のように工芸組合を設立して活動を始めたのは，2010年になってからであった。しかし，商品としてのヤキ工芸の流通については，他の先住民族とほぼ同じ時期に整備された。ヤキの仮面細工は，当初外部の人々の手に渡ることはなかったが，次第に工芸品市場に出回り，評価を受けるようになった。アリゾナ州立博物館仮面部門の学芸員であるコラスは，次のように報告している。ヤキの仮面の踊りに使われる仮面は，本来集落の外部の人々の手に渡ることはなかった。しかし，大恐慌の時代にヤキの現金収入の手段として米国の収集家に売られるようになった。さらに，1970年頃までには，先住民工芸の市場拡大に伴って，さらに多くの仮面が商品として流通するようになった。[44] ただし，紙製の花や装束といった仮面以外の工芸品は市場に広く流通することはなかった。

　米国南西部史を研究するブスメックは，南西部の先住民の工芸品展示を，「仮想の観光」の場であり，南西部先住民工芸の「消費」の一形態であると論じた。[45] 南西部における先住民工芸の広まりは，南西部への観光産業の振興と深く関連しており，両者があいまって「米国の象徴としての，先住民文化に彩られた南西部像」を形成したのである。

3. 先住民の観光資源化

　ニューディール期のアリゾナ州は，当時の人口の10%である4万4000人余りが先住民で占められていた。そのために，同州の社会は，先住民の工芸の流通や，先住民の人々を巻き込んだ観光産業の振興といった1930年代の出来事に大きな影響を受けた。

　米国南西部を社会学的に研究したピッツとゲーリンは，1920年代以降，鉄道会社によって企画されたツアー旅行で，「先住民の村」への訪問が「イ

ンディアン街道」と呼ばれ，米国南西部の観光の売り物となる傾向に拍車が掛かったことを指摘している。[46] インディアン準州への先住民強制移住政策が終わりを迎え，1930年代以降に，先住民の伝統的な居住地もしくは新たな土地への定住が進んだことは，「先住民の村」の地理的固定と数の増加を引き起こし，観光産業を後押しした。

連邦作家計画による宣伝

パスクア・ヤキの人々は，当時まだ米国政府によって先住民トライブと認定されていなかったにもかかわらず，上記のような社会の変化に巻き込まれた。ヤキと政府主導の観光の関わりを特に強く示すものとして，ウィーラー・ハワード法と同じくニューディール政策の一環であった，連邦作家計画の事業が挙げられる。文学者であり，自身も連邦作家計画に作家として参加していたマンジョーネは，同計画を，それまでほとんど無視されてきた米国の「特徴」を理解し，解釈しようとした試みであった，と評価している。[47] 具体的な執筆活動としては，解放奴隷の体験記，民話や民謡，一般の人々のライフ・ストーリーの記録に加え，米国各地の観光ガイドブックの製作が挙げられる。[48] これらの事業の狙いは，大恐慌によって失職したジャーナリスト，編集者，教師といった人々に職を提供する[49]と共に，文化における国家主義を創出し，「米国人」という枠組みに入る人々の定義を広げることにあった。[50]

観光ガイドブック製作の一環として，ヤキに対する取材がなされた。「米国のポケット」と題された，写真を中心としたガイドブックの原稿[51]が，未刊のまま米国議会図書館に残されている。ポケットという英単語は，洋服などのポケットの他に，「変わった地域」を指す。恐らくこのガイドブックは，米国内で特別な文化的背景を持つ場所を紹介するものとして企画されたのであろう。1939年の第二次世界大戦開戦以降，連邦作家計画によるガイドブックの発刊は資金の都合によって滞った。[52]「米国のポケット」は，発刊されなかった原稿の1つであると考えられる。

「米国のポケット」には，アリゾナ州におけるヤキの復活祭の儀礼の他に

アーカンソー州で水占いをする男，フロリダ州のキューバ人集落における海綿貿易，ノースダコタ州のメティス，アイダホ州とオレゴン州のバスク移民集落，イリノイ州に残るフランス文化，ニュージャージー州のドイツ移民集落とアフリカ系米国人の住居などの写真が掲載され，これらの集落からの写真が原稿に収められている。彼らは米国内の民族的少数者の中でも特に歴史や文化の変わった人々であると見なされ，米国の民族的多様性を強調するためにこのガイドブックで取り上げられたのであろう。

　それでは実際に国家の主導した連邦作家計画の原稿において描かれたヤキの姿を詳しく見てみよう。

　図 3-7 と 3-8 には，儀礼に参加するヤキと，ヤキの観衆，そして観光客と見られるヤキでない人々が写っている。ヤキでない観光客は，例えば男性はシルクハットに背広(図3-7左)，女性はボンネットに日傘(図3-7左)というように，正装している。観客は儀礼に特に関与する様子はない。また，図3-7では観客が椅子に座っている。ヤキの儀礼では，参加者が地面に直接座ることが通例であり，これはヤキの暮らしに慣れていない観客のための特別な計らいである。さらに，これらの座席は，ヤキの人々ではなく，トゥーソン市によって用意されたという記録が残っている。[53]

　図 3-8 の背景には，観客が乗ってきたものと見られる自動車が写っており，集落から離れた場所から見学者があったことが示唆される。図 3-7，3-8 とは対照的に，図 3-9，3-10 は，背景にほとんど何もなく，典型的な儀礼の衣装をまとったヤキの人々のみが写っている。また，構図は真正面からの撮影である。これらの様子から，図 3-9，3-10 は，儀礼の様子そのものではなく，儀礼を執行するヤキの人々を記録する意味合いで撮影されたと考えられる。

　観光パンフレットに掲載された写真についての考察を行った研究は，人類学の分野で数多く見られる。それらの中で，例えば，アメリカ地域研究者で舞踏家のデスモンドは，伝統舞踊フラを通じたハワイ先住民のイメージ創造について考察を行った。デスモンドによると，ハワイの観光産業におけるフラに関する写真撮影とパンフレット掲載は，ハワイの先住民が「野蛮」であり，彼らがヨーロッパ系入植者の成す現代社会から隔絶された「先住民性」

図3-7　連邦作家計画の撮影した写真
Federal Writer's Project photographs for a publication entitled "Pockets in America [graphic]" Created 1928-1938 (bulk 1937-1938.) The Library of Congress.

図3-8　連邦作家計画の撮影した写真
Federal Writer's Project photographs for a publication entitled "Pockets in America [graphic]" Created 1928-1938 (bulk 1937-1938.) The Library of Congress.

を持った存在であると定義づけたと論じた。[54]

　パンフレットなど観光に関連するヤキの資料の大部分は，この原稿に代表されるように，彼らの復活祭儀礼についてのもので占められている。復活祭以外にも，ヤキの文化には，キリスト教の聖人の日に行われる数々の儀礼や，刺繍が施された女性の民族衣装といった，観光客の関心をひきうるものがあ

図 3-9 連邦作家計画の撮影した写真

Federal Writer's Project photographs for a publication entitled "Pockets in America [graphic]" Created 1928-1938 (bulk 1937-1938.) The Library of Congress.

図 3-10 連邦作家計画の撮影した写真

Federal Writer's Project photographs for a publication entitled "Pockets in America [graphic]" Created 1928-1938 (bulk 1937-1938.) The Library of Congress.

る。しかし，2月から4月初めに行われる復活祭の儀礼の一部のみが特に米国の観光産業で取り上げられた背景には，ヤキの文化が復活祭によって代表されると共に，すでに述べてきたように，儀礼の開かれる時期である冬にアリゾナが温暖であることを観光客に宣伝しようとした意図が読み取れる。

　これらの写真が撮影された時期にヤキの人々はトゥーソン市周辺において経済的にも困窮し，民族虐殺の記憶に苛まれて生活していたが，ヤキの経済

や歴史の状況を示す写真は，原稿の中に一切含まれていない。恐らく，観光産業においては，上記に挙げたようなヤキの人々の側面は望まれていなかったのであろう。さらに付け加えれば，ヤキの復活祭儀礼のほとんどの部分は男性によって執り行われるため，ヤキ女性の姿はあまり人々の目に触れることがない。つまり，当時の観光客に知らされたヤキ像は，復活祭の儀礼に参加できる，比較的経済的に恵まれたヤキの男性のみであった。そのようなヤキ像こそが，例えばハワイにおいてフラを踊る先住民のように，米国主流社会の望んだ「アリゾナにおけるヤキのあり方」でもあったのであろう。

　また，儀礼において観光客用の座席がヤキの人々ではなくトゥーソン市によって設置されたことからは，儀礼への参加方法が，ヤキの人々ではなく，観光客を招いた米国主流社会の人々によって設定されたことが分かる。座席は教会前の広場を取り巻くように設置されているように見える。また，観光客で席に着いていない者は，座席の周辺に立っていることが分かる。通常，儀礼に参加するヤキの人々は，教会内の壁に沿って設置された椅子や，同じく教会内の土間のような床に敷いたマットの上に座って儀礼の一端を担ったり，儀礼を鑑賞したりする。観光客用に設置された椅子が教会の建物の外にあることを考えると，観光客は儀礼に参加する者ではなく，それを客観的に鑑賞する者であったことが明らかであると共に，ヤキの儀礼鑑賞者と観光客として儀礼を鑑賞する者の間にも一線が引かれていたように思われる。このような光景からは，ヤキの儀礼が滞りなく進められることにも寄与したと考えられる一方で，ヤキの人々と観光客の間の直接的な交流がそれほど盛んではなかった状況が推測できる。

　また，ヤキの儀礼の撮影と，米国の先住民政策転換の関連性も指摘できる。米国政府は，1922年から1934年まで，先住民が公の場で踊ることを実質的に禁止していた。[55] 本項で取り上げた写真が撮影されたのは1934年から1938年の間，つまり，禁止令撤廃の直後にあたる。先住民の踊りの公開が可能となったという，米国政府の政策変更を公的な刊行物で示すために，ヤキの踊りがガイドブックに掲載されることになった可能性も否定できない。

鉄道会社による宣伝

　連邦作家計画の他に，アリゾナで観光産業を推進する鉄道会社もヤキの文化に興味を示した。トゥーソン市の中心部に住むヤキは，次第に観光産業を推し進める鉄道会社の目に留まるようになった。米国南西部における先住民族の多くは，都市から離れた場所に集落を形成している。そのような人々と比較すれば，トゥーソンの市街地近くに位置するヤキ集落は，地理的には比較的簡単に訪れることのできる場所に位置していた。

　しかしながら，1909年から1926年の間に記録された，ヤキ集落の状況については，以下のような記述が残されている。

　　　トゥーソン市街地から1.5マイル（約2.4キロメートル）ほど北に位置するパスクア集落（市街地の中に位置する集落）の書記によると，現在約1500人のヤキがこの街の近郊に居住している。パスクア集落に住む者も，トゥーソン市の南端に住む者もいる。そこには短期滞在者も冬の旅行者も訪れず，皆がピマ郡の住人である。[56]

　つまり，地理的に観光客の訪問が可能な場所に位置していたのにもかかわらず，長くヤキ集落はそのような人々の関心を引くことはなかった。米国におけるヤキの人々が，1920年代半ば以降のトゥーソンにおいて格好の「観光資源」となった事情の陰には，観光協会や鉄道会社による宣伝活動が存在した。図3-11は，トゥーソン市においてヤキの集落が観光客による訪問先となりうることを示したパンフレットの1つである。

　パンフレットの記述からは，観光協会が鉄道会社と協力していた可能性も推測できる。下は，パンフレットに掲載されている文章の和訳である。

　　　この少し変わった儀礼（ヤキの伝統的儀礼で最も大規模なものである，キリスト教の復活祭）は，我らの街（トゥーソン）を訪れる人と，街を通過する旅行者の興味の対象となるでしょう。鉄道切符で途中下車することができます。詳細は鉄道各社までお問い合わせください。[57]

図 3-11　トゥーソン市観光協会が発行したパンフレット
Tucson Chamber of Commerce, *Yaqui Indian Dances: Souvenir Folder*, 1928. Courtesy of The Arizona Historical Society.

　図 3-11 に示されたパンフレットが発刊された 1928 年には，トゥーソン近郊に建設された空港に大手の航空会社が乗り入れを始めた年であった。[58)] 空港の開設によって，1930 年代には，鉄道に加えて飛行機で全米各地からの人々が訪れることができるようになった。

西部劇撮影所の設立

　1939 年には，オールド・トゥーソンと名付けられた西部劇の撮影所が，現在のパスクア・ヤキ保留地にほど近い，トゥーソン市の南西部に建てられた。この撮影所にはメリーゴーランドやお化け屋敷など一般の遊園地のような設備も備えられ，映画やテレビドラマの撮影が行われていない時には一般の観光客が訪れることができる。時代が進んでも，オールド・トゥーソンには，米国がアリゾナまで領土を拡大した時代の姿がそのまま残されることに

図 3-12　サン・シャビエール・デル・バック
（著者撮影）

なった。そしてその姿は，映画やテレビドラマを通じて，全米に向けて発信され続けた。その様子について，例えばアリゾナの観光について取り上げた雑誌の記事には，「(オールド・トゥーソンで撮影された)準州時代のアリゾナを描いたテレビドラマシリーズの『高い茂み(The High Chaparral)』には，わくわくするような開拓時代が息づいている」[59]と記されている。

　オールド・トゥーソンの設備の1つとして，ティピという先住民の住居の一形式であるドーム型のホーガンや三角形のテントが並んだ「典型的なインディアン」[60]の集落を模したセットが作られた(図 3-13 参照)。ちなみに，現在でもオールド・トゥーソンは営業しているが，このセットは火事によってすでに焼失している。このセットの他にも，トゥーソン市内に位置し，トオノ・オータムを中心としながらヤキも居住した宣教村の1つであるサン・シャビエール・デル・バックを模した建造物も建てられた(図 3-13 参照)。サン・シャビエール・デル・バックの姿は，アリゾナを始めとする米国南西部では先住民に関するイメージの1つとして定着している。その様子を示す資料の例として，サン・シャビエール・デル・バックへのツアーを紹介したパ

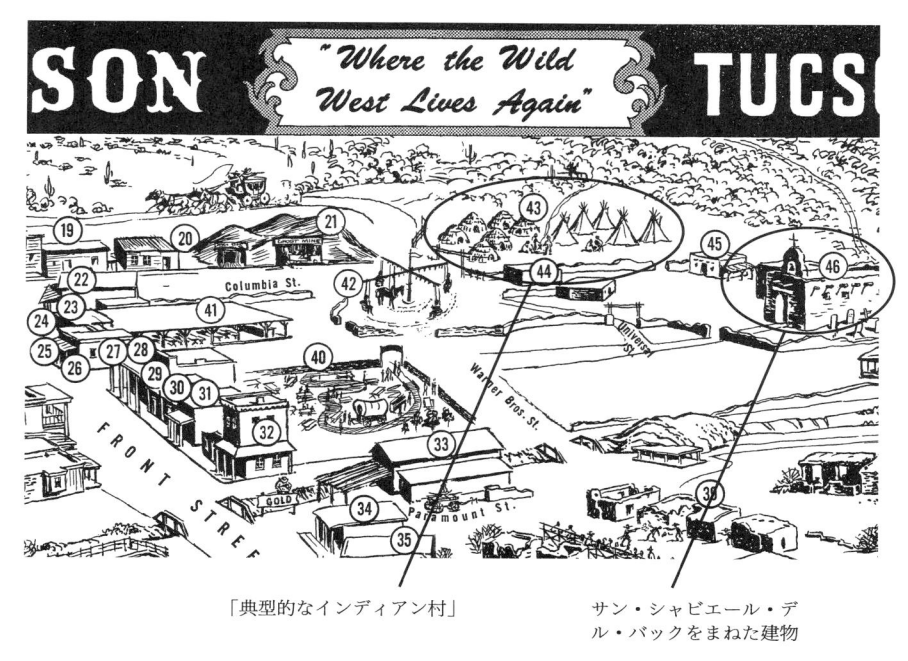

図3-13 オールド・トゥーソン地図

「典型的なインディアン村」　　　サン・シャビエール・デル・バックをまねた建物

Old Tucson, *Old Tucson, Arizona "Where the Wild West Lives Again."* 1965. Courtesy of The Arizona Historical Society.

ンフレットでも，羽飾りを身に着けた先住民の姿が共に描かれている（図3-15）。[61] つまり，オールド・トゥーソンは，ヤキやトオノ・オータムといった先住民の集落の近隣に建てられながらも，ステレオタイプ化された先住民像を米国全土に発信し続ける拠点となったのであった。このように，実際の先住民の人々の居住する集落と，ステレオタイプ的な先住民像の発信元が隣接しながら，大きな衝突を起こすことなく長く共存している点は，極めて興味深いといえる。

メキシコのヤキと観光産業

以上で米国での観光産業とヤキの関係について論じたが，同時期のメキシ

図 3-14　オールド・トゥーソンのパンフレットに掲載された「典型的なインディアン」とカウボーイ
Old Tucson, *Old Tucson, Arizona "Where the Wild West Lives Again."* 1965. Courtesy of The Arizona Historical Society.

コではヤキの人々は観光産業とどのように関わっていたのであろうか。

　米国からメキシコに向かって鉄道網は発達を続け，米国の鉄道会社であるサンタフェ鉄道は，1879年にメキシコ北部においてソノラ鉄道を立ち上げた。[62] 1880年には鉄道は米国＝メキシコ国境を越え，1882年にはトゥーソンとメキシコ・シティーが鉄道によって結ばれた。そして1898年に，ソノラ鉄道は米国の鉄道会社であるサザン・パシフィック社の一部となった。[63] サザン・パシフィック社が鉄道と共に観光産業にも関与したことは先に述べた通りである。

　メキシコ北西部において，カリフォルニア湾岸の港町のグアイマスは観光産業の中心地となった。その上，グアイマスはヤキの人々が多く居住してい

第3章　米国南西部における観光産業と先住民　87

図 3-15　サン・シャビエール・デル・バックへのツアーのパンフレット
Tanner Motor Tours Ltd. of Arizona. *Tucson: Arizona's Most Scenic Motor Tours*. Courtesy of The Arizona Historical Society.

たヤキ川にも近かった。1936年には，グアイマスに大規模なリゾートホテルであるホテル・プラザ・デ・コルテスが開業した。[64]「米国に最も近い外国の遊び場」と題されたサザン・パシフィック社のパンフレットによると，グアイマスは海の側の砂漠のリゾートであり，古きよきメキシコのゆったりとした雰囲気を残すオアシスであった。[65] 別のパンフレットによると，このホテルは「全てメキシコの内装を採用しながらも，快適さのレベルは米国並み」[66] であった。

　グアイマスの観光の目玉は海釣りであった。このホテルには釣り船も完備され，宿泊客はカジキマグロやブリといった魚の釣りを楽しんだ。釣りにつ

いて説明したパンフレットでは，同ホテルの従業員の多くが米国人であることが強調されている。パンフレットには，ホテルには「3つの釣り船とメキシコ人のガイドや船の操縦士がいるが，全員が米国人によって監督されている」[67]と書かれている。さらに，「コルテス海岸——メキシコ，グアイマス」と題されたパンフレット[68]には，ホテルの掲示板がスペイン語ではなく英語で書かれていることが示されている。明らかにこのホテルは，メキシコにありながら，米国人のみを対象としていたことが分かる。

　米国南西部の観光産業において先住民の人々が見世物として扱われたことは先に述べたが，同時期のメキシコ北西部においては別の状況が存在したように見受けられる。観光産業に関連する印刷物において，先住民の人々が現れる頻度は米国南西部のものよりも明らかに少ない。グアイマスの釣りについて紹介したパンフレット[69]では，先住民の人々は背景の絵の端のみに描かれている。また，上に挙げたパンフレット「コルテス海岸」[70]においては，レストランで撮影された写真の中で，レストランの壁画の中に先住民と見られる人物が含まれているのみである。このパンフレットの中には「先住民の衣装」をまとった人々が現れる写真もあるが，単純に外見のみから判断すると，人々はヨーロッパ系の入植者であるように見受けられる。

　パンフレット[71]において，「我々の（ホテル・プラザ・デ・コルテス）のタイルの床に敷かれたカーペットはナボホア（グアイマスの北に位置するメキシコの都市名）のマヨ・インディアンのものである」という記述が見られる。前述した通り，マヨは，ヤキと同様にソノラに居住する先住民族である。同じパンフレットには，「（宿泊客の）一団が，ヤキの住んでいる地域にジャガー狩りに出かけた」[72]と書かれているが，その一団とヤキの人々の接触があるかどうかは書かれていない。しかしながら，この狩りに関する記述からは，ホテルがヤキの住む地域に極めて近い場所に位置しており，多くの宿泊客，即ち観光客がその地域を訪れていたことが分かる。しかし，ヤキの人々自身の写真はどのパンフレットにも掲載されておらず，ヤキの人々は，観光産業に関連する印刷物において目に見えない存在であったことが推測される。

　その理由として，先に述べたように，米国においてメキシコのヤキが危険

な存在であると繰り返し報道されていたことが挙げられるだろう。さらに，上下水道の整備など，米国と同じ利便性が確保できたのは，ホテルや都市部のみであり，ヤキの人々はそのような場所は存在しなかったか，仮に従業員として働いていたとしても，ヤキとしての伝統的な側面を打ち出していたわけではなかった。そのため，メキシコにおいて，米国人観光客とヤキの直接的な出会いは頻繁には起こらなかったと考えられる。

4. 観光産業とヤキの人々の関わり

　先に述べたような，トゥーソンにおけるヤキを使った観光産業の振興は，観光産業から直接的，もしくは間接的に利益を享受していた多くの人々を動かし，パスクア・ヤキとしての認定に向けた活動を支持した。そして，利益を享受していた人々の助けを得て，ヤキの人々は，米国先住民としての権利と土地を得ることを，米国議会に求めた。その際に使われた，29ページに渡る請願書[73]が，アリゾナ歴史協会に残されている。

　同文書の中には，ヤキの社会的指導者であったアンセルモ・バレンシアの手紙を含む，ヤキの人々による2通の請願書，そしてヤキでない人々からの18通の請願書が収められている。ヤキでない人々からの18通の請願書のうち4通が，支持の理由としてヤキの観光産業への貢献を挙げている。それらに加えてトゥーソン・デイリー・シティズン紙の手紙は，「典型的な先住民村の設立」の必要性を支持の理由として記した。その背景には，先住民の村や集落が観光の対象となってきた歴史と，トゥーソン市内の移転先に新たに作られるヤキ集落を，主流社会が望むようなイメージの中の先住民集落に近づけ，さらに観光客を呼び込みたいという願いが込められているように見受けられる。また，移転前後のヤキ集落からほど近い場所に位置するアリゾナ大学は，大学近くで人類学的フィールドワークを行える場としての機能を期待したようである。[74]

　上に述べたように，観光産業は，後にヤキの先住民認定につながるヤキの土地獲得で重要なきっかけとなった。さらに，米国の国境政策や歴史観を反

表 3-1 アリゾナ州トゥーソンのパスクア集落移転に向けた土地の請願書概要

アリゾナ州社会福祉局，ピマ郡担当	ヤキの人々は(読み書きの問題などがあるために)直接社会福祉局に出向いて手続きをすることができない
市長	観光産業にとって有益，住宅事情の悪化，人道的支援の必要性
ピマ郡都市計画局	ピマ郡全体の都市計画，集落周辺の工業化
トゥーソン商工会議所	人口増加による空間の必要性，地域の伝統保護
トゥーソン司教	人口増加，集落周辺の工業化，ヤキの市や地域の活動への活発な参加
ハメル・アンド・ハメル法律事務所	土地所有権付与
トゥーソン銀行	ヤキ集落の住宅事情の悪化
トゥーソン・フェスティバル実行委員会	観光産業(文化祭)への貢献
トゥーソン地域協議会	ヤキ集落周辺の工業化
トゥーソン公立学校学区	ヤキ人口の増加，ヤキ集落の住宅事情の悪化と周囲の工業化，土地価格の高騰
アリゾナ大学	文化的貢献，労働力の提供，観光産業への貢献，人類学科と博物館への貢献，住宅事情の悪化
ロンスタッド金物店	文化的貢献
トゥーソン太陽気候クラブ	観光産業への貢献，集落周辺の都市化
ピマ郡政府	全体的な事情(他の移転先を提案)
トゥーソン・デイリー・シティズン紙	典型的な先住民村の設立
ラ・プレンサ紙	低い生活水準，伝統文化への貢献
ステインフェルド社	低い生活水準

Petition for Land for the Relocation of Residents of Pascua Village of Tucson 1963(推定)：n. pag.

映した国立公園政策が，ヤキの先住民認定を決定付けた。トゥーソンからさらにメキシコ国境に向けて南下した場所に，トゥマカコリと呼ばれる宣教村の跡がある。ヤキの人々は，トオノ・オータムなど他の先住民の人々と共に，その宣教村に居住していた。現在，トゥマカコリ宣教村周辺は，国立歴史公園として，米国内務省によって保護されている。そして，ヤキとトゥマカコリの歴史の関わりについては，先住民認定直前の1977年に米国上院インディアン問題特別委員会で開かれた公聴会にスパイサーが寄せた手紙が記録に残っている。

ヤキはアリゾナに 200 年以上居住してきました。彼らは 1700 年代から現在アリゾナとして知られる地域の発展に貢献してきました。ヤキの幾人かは，上サンタ・クルス渓谷にある最初の宣教村に，キノ神父と共にやって来ました。ヤキが南アリゾナのトゥマカコリに 1796 年に住んでいたという記録が残っています。[75]

トゥマカコリ宣教村

かつてサン・ホセ・デ・トゥマカコリと呼ばれたトゥマカコリ宣教村は，1683 年にイタリアから派遣されたキリスト教カトリックの修道会であるイエズス会に属する司祭であったキノ神父によって建てられた。キノ神父は，当初カリフォルニア半島南端を教区としてまかされた後，1687 年にピメリア・アルタ地域を担当することになった。記録では，1691 年に既に集落として存在したトゥマカコリから，キノ神父の下に使者が訪れ，宣教師の派遣を要請したという。要請に応じて，トゥマカコリには宣教師が適宜訪問を行うことになった。しかし，イエズス会はアメリカ大陸から追放されることとなり，ヤキの伝統的保留地にいたイエズス会宣教師も，1767 年に突然やって来たメキシコ政府の担当者に連行されてしまった。[76] その後同じカトリックの修道会の 1 つであるフランシスコ会がこの宣教村を訪れ，1799 年から 1801 年の間に教会建物の建設に従事した。（しかしながら，前の部分で述べた通り，フランシスコ会の宣教師はヤキ集落に定着することはなかった。）この教会の一部は，現在でもトゥマカコリ国立歴史公園内に保存されている。しかし，宣教師や入植者による文書の上では，1861 年までにはトゥマカコリ宣教村は「放棄された」とされている。[77]

トゥマカコリは，1908 年に国定モニュメントとなった。その後，隣接するサン・カィエンタノ・デ・カラバサスと，ロス・サントス・アンヘレス・デ・ゲバビの 2 つの宣教村跡を含む形で敷地を拡大し，国立歴史公園となった。その年代は，米国がガズデン購入によってアリゾナ州南部を獲得してから半世紀ほどの時期で，交通網は発達しつつあったが，1930 年代に観光産業が一段と盛んになるまでにはまだ時間があった。また，鉄道が発達した後

図 3-16　現在のトゥマカコリ国立歴史公園(著者撮影)

図 3-17　トゥマカコリ国立歴史公園に残された教会跡(著者撮影)

でも，トゥマカコリは最も近い鉄道の駅であるトゥーソンからかなり離れた場所にあり，自動車が普及するまでは一般の人々が訪れることは難しい場所にあった。しかしながら，スペイン領米国の面影を求めて訪れる観光客に限らず，米国政府もこの「辺境」に位置する遺跡を荒れたまま放置することなく，丁寧に管理してきた。

　トゥマカコリが丁重に扱われていた様子は，米国内務省によって定められた紋章にも示されている。内務省国立公園庁南西部モニュメント局の紋章には，同局の4つの部門が示されている。右上の山が地質学部門，左上の遺跡が先史部門，右下の遺跡が歴史部門，中央のサボテンが植物学部門の象徴である。[78] そして，歴史部門を示す建物は，トゥマカコリの教会を表している。[79] この紋章が定められた1937年時点で，史跡に加え，火山の跡や，化石が多く発見される場所など，南西部には20の国定モニュメントがあった。その内，エル・モロとパイプ・スプリングの国定モニュメントが，トゥマカコリと合わせて歴史部門のモニュメントであった。いくつかの国定モニュメントは複数の要素を兼ね備えているため，見方によってはこの他のモニュメントを含めることもできるだろう。

　トゥマカコリ遺跡は，エル・モロやパイプ・スプリングと比較して規模が大きいわけでも，米国全土で特に知名度が高いわけでもない。また，南西部にはトゥマカコリと同様に，スペイン宣教師によって建設された宣教村跡が，他にも多く存在する。例えばトゥーソン市郊外に位置するサン・シャビエール・デル・バックは，トゥマカコリの教会を建てる際のモデルとなったとも言われており[80]，規模もトゥマカコリよりはるかに大きい。それにもかかわらず，紋章のデザインに使われたのはトゥマカコリであった。

　なぜトゥマカコリが国定モニュメントに選ばれたのか，その理由は公的な文書には示されていない。しかし，モニュメントとして指定されたということは，米国政府がトゥマカコリの歴史に何らかの重要性を見出していたと考えられる。地理学の観点から観光について研究を行っているティモシーは，国境と観光政策の関連性について論じた。[81] ティモシーは，著書の中で，政治的な国境の存在を示す目印となる看板や建造物が，観光客をひきつけう

図3-18 米国内務省国立公園庁南西部モニュメント局の紋章
Department of the Interior, National Park Service. *Southwestern Monthly Monuments: Monthly Report, January 1938.*

ることを明らかにした。[82] また，米国先住民の国立公園政策との関わりは，歴史学者のケラーとアラスカ政府のトゥーレックによる，様々な米国先住民族の比較研究[83]，人類学者のジャネットスキーによる，イエローストーン国立公園の事例研究[84] など，様々な研究で取り上げられている。

　上のような研究からは，米国・メキシコ国境における先住民のヤキが関わった史跡であるトゥマカコリの事例についても，史跡指定に政治的な意味合いが含まれていた可能性が推測できる。

国立公園制定の政治性――コロナド国定史跡の事例

　さらに興味深いのは，ラテンアメリカ研究を行うサンチェス，歴史学者のギュルレとB・エリクソンの3人が行った，コロナド国定史跡設立の歴史に

関する研究である。[85]　コロナド国定記念碑は，トゥマカコリと同様に，アリゾナ州南部の米国＝メキシコ国境上に位置し，内務省によって管理されている。同史跡は，トゥマカコリよりも30年以上遅い1941年に，米国政府によってコロナド国際史跡に指定され，1952年に名称を変更してコロナド国定史跡となった。この史跡は，トゥマカコリと違って，史跡ではなく，近年になって新たに作られた公園のような施設である。史跡設立の理由は，スペインによる初の大規模なアメリカ大陸探検400周年を記念するためであり，名称は1540年に現在のメキシコと米国を探検したフランシスコ・バスケス・デ・コロナドの名前に由来している。そして，元々の計画では，米国内とメキシコ国内に国境を挟んでつながった公園が設立され，コロナドの探検を記念する予定であった。[86]

　メキシコがこのような史跡設立に興味がない旨を米国に表明したのは，政治家のクアウテモク・カルデナスであった。彼は，1934年から1940年にメキシコの大統領を務め，メキシコ側のヤキに一定の土地と権利を与えたラサロ・カルデナスの息子にあたる。クアウテモク・カルデナスが米国政府に伝えた内容は，スペイン，フランス，英国および米国によって領土を繰り返し侵略されてきたメキシコは，探検家コロナドを含め，いかなる探検家や侵略者を讃えるつもりがない，というものであった。[87]

　それでもなお，米国は同史跡の設立にこだわった。サンチェスらの調査に使われた資料によると，コロナド国定史跡設立の意義は，以下のように説明されている。

　　　この地域のスペイン支配に続く歴史的な出来事を概観し，2つの国（米国とメキシコ）の類似した背景について考える機会を提供する。そして，米国とメキシコの人々に共通する葛藤や，彼らの長い友情を思い起こさせる。実際の特定の生物学的価値や風景の美しさよりも，このシンボル的な意味が，（コロナド国定モニュメントの設立で）最も重要なものである。[88]

　この文脈における「葛藤」の具体的な意味は，引用文内には示されていな

いものの，サンチェスらの研究から，アメリカ大陸のスペインによる支配と，スペインからの独立であったと考えられる。[89] 加えて，コロナド国定史跡の中には，「ヤキ尾根」と名付けられた登山路が設置されており，同史跡にヤキを何らかの形で結びつけようとした様子がうかがえる。

　コロナド国定記念碑が，コロナドによる新大陸探検とスペインからの米国南西部独立のシンボルであったならば，トゥマカコリ国立歴史公園はどのような歴史のシンボルとなったのであろうか。

　トゥマカコリ宣教村の歴史の中で，特に注目すべき要素は，(1)宣教村の設立，そして宣教村における先住民のキリスト教への改宗と，宣教師の指導の下での生活，(2)ガズデン購入による，所有権のメキシコから米国への移行，(3) 1861年までに先住民が宣教村から去った後に，メキシコ所有下では放棄されたままで，米国政府によって調査と保存が行われた[90] 歴史，の3点である。それらの中でも(3)の要素は，米国＝メキシコ国境に数多く存在する類似した宣教村跡の中で，トゥマカコリに特有のものである。1921年に，それまで廃墟として放置されていたトゥマカコリ宣教村の建造物に，内務省国立公園局が補修を行った。この補修は，建物を完全な形に復元する作業ではなく，同時点に残されていた建物をその形で保存する作業であった。そして現在，トゥマカコリ国立歴史公園の真横には，トゥーソンからメキシコ国境をつなぐ高速道路が通り，観光客は容易に同公園を訪れることができる。[91] 米国政府は，この史跡を補修し，国立歴史公園として内務省の管轄下に置くことによって，かつてスペイン領であった現在の米国南西部の歴史が，イギリス植民地から端を発する米国史の一部となったことを主張したかったのではなかろうか。つまり，トゥマカコリは，米国におけるスペイン領としての歴史，および宣教村における修道士と先住民の共生の象徴となったと考えられる。そして，ヤキはそのような歴史の中で大きな役割を果たしてきたのである。

　そして，トゥマカコリが米国の所有物となり，トゥマカコリの歴史が米国の歴史となることは，ヤキの歴史が米国の歴史の一部となることを意味した可能性が指摘できる。前述したように，インディアン局トライブ認定室の定

める規定によって，「歴史的」という言葉は，次のように定められている。

　次に示す両者の間に，早い時期の接触があったこと。
 (1)請願者の祖先であるインディアン。
 (2)米国の市民もしくは官僚，植民政府，領土の政府。さらに，米国が領土を獲得した地域の場合は，他の国の市民もしくは政府の官僚。[92]

ヤキは，「米国が領土を獲得した地域」，即ちガズデン購入で米国がメキシコから獲得した領土であるアリゾナ州南部において，宣教師を通じてスペインとメキシコ政府の市民や官僚と接触があったために，米国議会の審議を通じて認定を得たとは考えられないだろうか。即ち，米国史に編入された先住民たちは，彼らが米国領土において「伝統的」な存在であると見なされることで，先住民としての法的な立場を獲得する権利を得る[93]のであるが，ヤキもその定義に該当する結果となったのだといえよう。

おわりに

このように，米国に移住したヤキは，主に観光産業への参加を通じてアリゾナを含む米国南西部の歴史や社会の一部を担うことになった。さらに，米国によって史跡に認定された宣教村跡にヤキが居住していた歴史が西洋の言語を用いて記録されていることが確認されることによって，ヤキの人々が米国領に属する人々であるという認識が深まっていった。観光以外の産業へのヤキの人々の参加と法的地位の獲得に関しては，続く章で明らかにして行きたい。

1) ラテンアメリカ史においてはメシーリャ売却。
2) Wilson 1977: 388.
3) 1851 年〜1996 年。
4) Quater n. d.: 12-13.
5) Southern Pacific Company 1953: 2.
6) Sonnichsen 1982: 169-174.

7) ibid: 174.
8) Bryant 1978: 444.
9) ibid: 92-93.
10) Dilworth 1996: 5-6.
11) Weigle 1989: 115.
12) Glanz 1978: 104-107.
13) Francaviglia 1994: 24-25.
14) Dilworth 1996: 2.
15) Quinn 2008: 149-155, 157-158.
16) Orsi 2005: 146-147.
17) Black 1890.
18) Rock Island Lines 1934: n. pag.
19) Quinn 2008: 150.
20) ibid: 150.
21) ibid: 149-150.
22) ibid: 150-151.
23) Rock Island Lines 1934: n. pag.
24) ibid: n. pag.
25) ibid: n. pag.
26) ibid: n. pag.
27) Sha'ban 1991: 189-190.
28) ibid: n. pag.
29) Thomas, D 1978: 10.
30) Sonnichsen 1982: 214.
31) Hahndorf 2001 et. al.
32) Prucha 1986: 101.
33) ibid: 280.
34) ibid: 281.
35) ibid: 281.
36) Collins 1999: 246.
37) Central Lyceum Bureau of Chicago 1904: n. pag.
38) Schrader 1983: 80.
39) ibid: 82-83.
40) Collins 1999: 267.
41) ibid: 262.
42) ibid: 260-261.

43) Schrader 1983: 79-82.
44) Kolaz 2007: 50-61.
45) Bsumek 2003: 134-136.
46) Pitts 1998: 186.
47) Mangione 1972: 49.
48) Hirsch 2003: 19.
49) Blacky 2005: 12.
50) Hirsch 2003: 18-19.
51) ibid.
52) Hirsch 2003: 227.
53) Spicer 1980: 251.
54) Desmond 1999: 40.
55) 水野 2007 et. al.
56) Phoebe M. Bogan Manuscripts, 1909-1926: n. pag.
57) Tucson Chamber of Commerce 1928.
58) Sonnichsen 1982: 221.
59) Arizona Highways, September 1967.
60) Old Tucson 1965.
61) Tanner Motor Tours Ltd of Arizona 1940.
62) Trennert 1988.
63) ibid: 265-266.
64) Southern Pacific Railway 1938.
65) ibid.
66) Southern Pacific Company n. d.
67) ibid.
68) ibid.
69) *The Spur*, 1938 (reprint.)
70) Southern Pacific Railway n. d.
71) *The Spur*, 1938 (reprint.)
72) ibid.
73) *Petition for Land for the Relocation of Residents of Pascua Village of Tucson* 1963 (推定): n. pag.
74) ibid.
75) 95th 1st sess. 1977: 11.
76) Spicer 1980: 50.
77) Jackson 1951: 16, 18-19, 38, 60.

78) ibid: n. pag.
79) ibid: n. pag.
80) Jackson 1951: 38.
81) Timothy 2001.
82) ibid: 41-49.
83) Keller 1998.
84) Janetski 2002.
85) Sánchez 2007.
86) ibid: ix, 1-23, 2, 36, 58-59.
87) "Seis Años de Política Agraria del Presidente Adolfo López Mateos" in Sánchez 2007: 74.
88) "Mission 66 for Coronado National Memorial n. d." in Sánchez 2007: 193-194.
89) Sánchez 2007: 74.
90) Jackson 1951: 63-65.
91) ibid: 65.
92) 103rd 1st sess. 1993: 3.
93) Castile 2002.

第 4 章　難民労働者から米国先住民へ

　前章で述べた観光産業の他に，開拓の途上にあった米国南西部において，ヤキの人々は賃金労働を通じて地域の振興に寄与した。時期をほぼ同じくして，彼らは米国における先住民権利獲得運動の影響を受けながら，米国インディアン・トライブとしての法的地位を獲得していった。一方で，彼らは，ニューエイジ運動や米国において作り出された先住民イメージにも影響を受けるようになった。

1. アリゾナ州におけるエスニシティ

　これまでの章に述べたように，メキシコでの迫害によって米国へ逃れたヤキは，主にアリゾナ州トゥーソン市，同州フェニックス市，およびカリフォルニア州フレズノ市に集落を形成した。そして，その時期のトゥーソンは，米国が領土拡張と開拓を進めていた地域に位置していた。
　トゥーソンで，ヤキが必要以上に目立つことなく生活できたことは，例えば下の新聞記事から推測できる。

　　ヤキは政治難民だった

　　　ヤキの人々が，彼らの小さな村を動かさざるをえなくなったため，ヤキへの関心が再度高まった。ソノラからアリゾナに来たこの興味深い人々は，政治難民として国境を越えた。この事実はほとんど知られてい

ない。第二次世界大戦以降の「移動させられた人々」の問題について興味のある人々は，もしかしたらヤキについても覚えているかもしれない。
（中略）

　両方(1910年メキシコ革命直後の移民第一波，およびヤキによる1926年のオブレゴン拘留の後に起こった1929年の第二波)[1]の場合において，米国政府はこのインディアンに庇護を与えた。

　多くの場合，難民（であるヤキ）は，天国として与えられた（米国）社会にすばやく溶け込んできた。ヤキは，彼らの民族の慣習を守り，民族の活動を続けてきた。彼らは，ソノラのヤキ川渓谷で語られてきた流血と暴力の話とは正反対に，おとなしい存在であり続けてきた。[2]

　オブレゴン拘留とは，1926年9月13日に，電車でヤキ集落の1つであるビカム近くを移動中だったメキシコの前大統領のアルバロ・オブレゴンを，ヤキだとされる人々の一団が襲撃し，一時的に拉致した事件である。[3]

　この記事に基づくと，1960年代にはヤキがメキシコからの難民だったことは広く知られていなかったことになる。筆者がその理由についてパスクア・ヤキの人々に実際に尋ねたところ，「米国内で目立つとメキシコに送り返されるので，なるべく目立たないように暮らしていたのではないか」「メキシコでの武力闘争に疲れていて，ただ米国でひっそりと暮らしたかったのではないか」といった意見が多かった。1970年1月30日付のロサンゼルス・タイムス紙にも，「（米国の人々に）助けを求めると，国境の反対側（メキシコ）に追放されるといつも恐れていた」[4]というヤキの発言が残されており，筆者の聞き取りを裏付けている。

　メキシコへの送還以外にも，多くのヤキが米国に入国した20世紀初めには，少数民族として目立つことには様々な危険が伴った。例えば，1920年代，トゥーソンにもKKK（クー・クルックス・クラン）が勢力を伸ばした。[5] KKKとは，アングロサクソン系米国人以外の人々を排除することを目的とし，主に暴力的行為によって彼らの思想を実現しようとする団体である。ヨーロッパ系でないどころか，多くが非公式のルートを通じて入国し，当時

は英語を話せない人々も多かったヤキは，KKK の標的にもなりえた。そうでなくても，土地権の問題が曖昧な状態で市街地の一角に暮らし，主流社会とは異なった生活を送るヤキはあまり良い印象を持たれていなかったようである。1931 年に，ヤキをソノラに戻そうという動きがメキシコと米国両国で高まった際，それに賛同するトゥーソンのアングロサクソン系の人々は多かったという。[6]

さらに，1920 年代からは，メキシコからの移民に対する米国人の目が一層厳しくなった。特に日本では「排日移民法」の名で知られる，1924 年移民法制定により，アングロサクソン系でないヨーロッパや，アジアからの移民の数が規制された。20 世紀の最初に移民総数の 0.6%を占めるにすぎなかったメキシコ系移民が，1911 年から 20 年には 3.8%に，さらに 1924 年の 1 年間には 12.4%に上昇しており[7]，1924 年移民法によっても，カナダと並んでメキシコからの移民が制限されず，その数が急増したことは，メキシコからの移民に対する米国人の印象を一層悪くする結果を招くこととなった。

メキシコ系移民について研究を行ったレイスラーによれば，当時米国の家庭における平均的な子供の数が 3 人であったのに対して，メキシコの家庭の場合は 9 から 10 人であり，米国内において人口が増加したことも，米国の「愛国者」たちの反感を高めたという。「愛国者」たちは，多様な人種で構成されるべき米国がメキシコ系の国になってしまうと考え，メキシコ系移民の存在を脅威として捉えたのであった。[8] ヤキも地理的にはメキシコからの移住者であるため，メキシコ系の移民に厳しい目を向ける「愛国者」の批判の対象になってしまう可能性もあった。

上記のような状況にもかかわらず，ヤキがアリゾナで暮らして行くことができた背景には，アリゾナ州トゥーソン市周辺は，歴史的に先住民が多く，地域文化や社会に先住民的色合いが強く反映されている場所であったことが挙げられる。

その様子は，米国先住民の地理的分布に現れている。図 4-1 において，黒く塗られている土地が保留地で，点で示されているのが，保留地を与えられていない民族の居住する場所，点線で囲まれた地域が当初インディアン準州

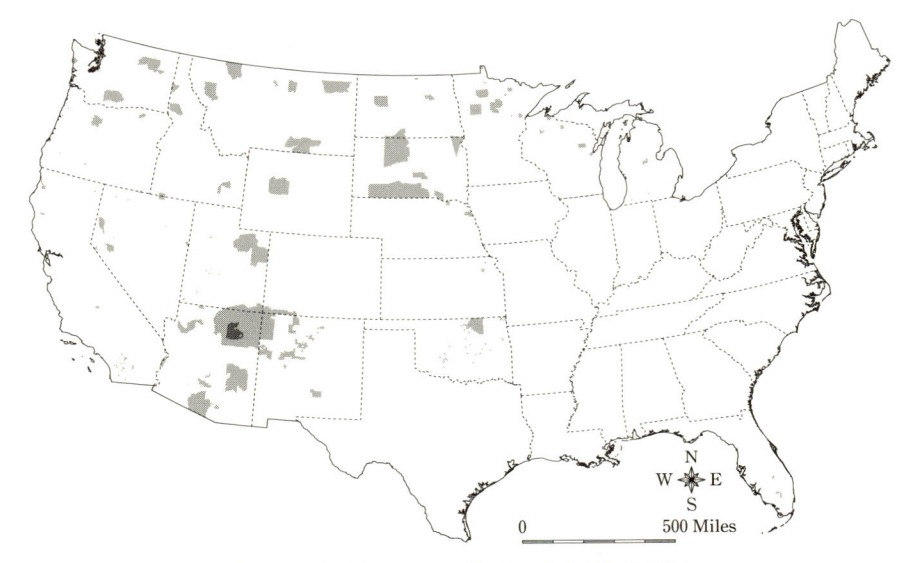

図 4-1　米国（アラスカを除く）の先住民居住地図

米国内務省ウェブサイト http://www.nps.gov/nagpra/DOCUMENTS/ResMAP.HTM（2011 年 10 月 7 日閲覧）より。

として設立されたオクラホマで先住民に与えられた土地である。20世紀初めには，図 4-1 の地図で黒く塗られている土地，即ち保留地の多い場所に，先住民が多く居住していた。保留地ごとに人口密度は異なっていたことも考えられるが，シュムウェイの報告によると，米国の先住民人口は，オクラホマ，カリフォルニア，アリゾナ，ニューメキシコの 4 州に集中していた。[9] また，先住民の保留地制定が始まった 1930 年代には，アリゾナ州に居住する先住民は 4 万 4000 人ほどであり，アリゾナ州の人口の 10%を占めていた。[10]

表 4-1 は，アリゾナの先住民人口と米国全体の先住民人口，さらに米国の人口を比較し，それぞれの割合を示したものである。1930 年には，米国全体の人口に占める先住民の割合は，0.32%であった。この数を参照すると，同時代のアリゾナの先住民の割合であった 10%が，いかに高い数字であるかが分かる。ヤキが米国に入国した 1900 年代から先住民認定を受けた 1970 年

表4-1 アリゾナの先住民人口と，米国先住民および米国の人口の推移

年	米国の人口	米国の先住民人口	米国の人口における先住民の割合	アリゾナの先住民人口	米国の先住民人口におけるアリゾナの先住民の割合
1900	62,947,714	237,196	0.38%	26,480	11.2%
1910	75,994,575	276,927	0.36%	29,201	10.5%
1920	91,972,266	244,437	0.27%	32,989	13.5%
1930	105,710,620	343,352	0.32%	43,726	12.7%
1940	122,775,046	345,252	0.28%	55,076	16.0%
1950	131,669,275	357,499	0.27%	65,761	18.4%
1960	151,325,798	523,591	0.35%	83,387	16.0%
1970	179,323,175	792,730	0.44%	95,812	12.1%

Thornton 1987: 160, 162-163 を基に，著者が作成。

代まで，米国全体の先住民におけるアリゾナ州の先住民は，高い割合を保っていた。

それでもなお，差別や低い経済水準などにより，先住民の人々が他の米国市民と同じような生活を送ることは，容易なことではなかった。しかしながら，20世紀に入ると，米国政府の政策により，先住民と植民者が労働の場を共にするようになり，新しい共存のあり方が探られることとなった。民族史と文化人類学の観点から先住民の研究を行っているリトルフィールドとナックは，19世紀の米国における先住民の雇用は，ほとんどの場合自発的なものであったと述べているが[11]，20世紀に入るとその状況は変化する。

2. ヤキと南西部の労働市場

ヤキの米国における労働市場との関わりは，他の側面と比較して詳しく論じられることが少ない。そして，先住民と労働の関係が論じられることがないのは，北米大陸全体の傾向だとする研究も見られる。[12] この傾向は，先住民についてのイメージ形成とも関連する。先住民は，ヨーロッパ系の入植

図 4-2　フーバーダム建設に従事した先住民労働者(ヤキ 1 名，クロー 1 名，ナバホ 1 名，アパッチ 6 名)
"Indians employed on the construction of Hoover Dam as high-scalers. This group includes one Yaqui, one Crow, one Navajo and six Apaches." 1932. National Archives and Records Administration, Rocky Mountain Region.

者の社会から隔絶された社会に暮らし，文明や工業，近代化の対極にある存在として長く捉えられて来たために，彼らがいかに労働者として集落の外で賃金を得て生活してきたかの歴史には，目が向けられることが少なかった。

　1929 年の暗黒の木曜日以降，いわゆる世界恐慌下で，米国経済は危機的状況に陥った。フランクリン・ルーズベルト大統領がその打開策の 1 つとして，ニューディール政策と称した政府主導の経済活性化を行ったことは広く知られている。その一環として，様々な公共事業が行われた。米国南西部において最も有名なものの 1 つには，アリゾナ州のフーバーダムの建設があり，このダムの建設現場では先住民たちも汗を流していた。図 4-2 は，米国内務省開拓局工学研究センターが撮影した，同ダムの建設に関わっていたヤキの画像資料である。この写真が撮られた年は 1932 年であり，どの個人がヤキであるかは特定できないが，20 代から 40 代と見られる先住民たちが写っている。

1931年6月5日のアリゾナ・デイリー紙には，行政はヤキを公共事業において雇用したいと考えているにもかかわらず，ヤキがまだ米国市民としての法的地位を得ていないために雇用が叶わず，ヤキの人々がトゥーソン地域の慈善団体による食糧の寄付によって何とか生き延びていると記されている。[13] 上の写真が1932年に撮影されたことを考えると，1931年から1932年の間にヤキの公共事業への雇用を可能とする何らかの対策が取られた可能性が指摘できる。実際に，1931年9月22日および23日の同紙には，ヤキがメキシコに送還されることなくアリゾナに留まることを可能とする米国国務省と労働省の「約束」が，アリゾナ州知事を通じてヤキの代表に伝えられたことが記されている。[14] それを踏まえると，1931年から1932年の間にヤキが公共事業において雇用され始めたと考えられる。また，ヤキが本格的に米国に入国し始めたのは19世紀終わりであることを考えると，家族が早い時期に米国に移住しその後米国で生まれたり，第一次世界大戦に従軍することによって米国籍を得たヤキがそれ以前に雇用されていたこともありうる。また，このヤキの人物が単なる一米国市民として雇用されたと理解することも可能ではあるが，同じ写真に写っている人々が全て先住民労働者であることを考えると，彼が米国先住民の雇用者に分類されていたということも考えられる。

米国先住民と賃金労働

19世紀終わりから20世紀初めにかけては，先住民が多彩な職業に従事し始めた時期であった。特に，農場労働者，家政婦，鉱夫，牧場労働者，コンクリート職人，煉瓦職人，大工といった職業に就く人が多かった。[15] 先住民のこれらの職業への進出の背景には，米国政府の政策があった。19世紀終わりから，インディアン学校における職業訓練や卒業後の職業斡旋を通じて，米国は先住民を安価な労働力として米国社会で利用しようとした。20世紀に入ると，インディアン局が主導して，先住民を保留地や伝統的土地から離れた都市部で，安価な非熟練労働者として就労させ，主に先住民でない人々の利益に寄与するために働かせる政策が開始された。1948年に当時の

トゥルーマン大統領が提唱した職業訓練法は，先住民の雇用を大幅に促進した。まずは鉄道建設，農業，工事現場において先住民の雇用が始まり，第二次世界大戦終戦後から1950年代までは，製鉄，造船，自動車工場が雇用の場となった。その流れは，1960年代以降の都市への先住民移転事業へと引き継がれていった。[16)] 図4-2は，まさに国家の指揮の下の建設現場において，先住民が雇用されている様子を記録するために撮影されたのだと理解することができよう。そして，ヤキの人物がその中に含まれていることは，ヤキの人々がその時点までに少なくとも米国政府によって，米国に属する人々だと見なされていたことを示している。

　上のような先住民を賃金労働者として雇用する政策が展開されても，伝統的な土地に住んでいたり，広い保留地を持っていたりする先住民は，その土地で農耕や牧畜を行うことでも，ある程度生計を立てていくことができた。しかし，ヤキの場合は，伝統的な土地を離れた上，トゥーソン市街の狭い集落に住んでおり，集落における農耕や牧畜は不可能であったため，労働者となって集落の外で働くことが生計を立てる唯一の方法であった。

　さらに，米国主導による移住政策以前から，サザン・パシフィック鉄道が，難民化したヤキに住居と賃金，食事を与え，労働者として雇用していたという記録が，後に詩人となったヤキであるサバラの自伝に記されている。[17)] 以下がその部分の引用である。

　　　ヤキは，裕福になるためにではなく，平和と自由を求め，残忍な殺人者から逃れるために，アリゾナに行った。私達はサザン・パシフィック鉄道を賛美する。彼らは全てのヤキ難民に住居と賃金労働，そして食糧を提供した。[18)]

　　　この鉄道会社は，作業員宿泊車を使って，全ての従業員に宿を与えた。私達(サバラの家族)が入居した宿泊車には，室内に調理用のコンロがあり，給水車両と，食糧を積んだ売店車両も付いていた。[19)]

引用部分に現れる出来事について，サバラは，それが起こった具体的な年代や日付を記していない。しかし，それらの出来事は，サバラの祖父が，サバラが誕生する 1904 年 8 月[20]以前に体験したことである点は明記されている。そして，サバラ自身も，少なくとも 1943 年 8 月まで，サザン・パシフィック鉄道に雇用され，建設や車両清掃に携わっていたと記されている。[21] つまり，サバラの家族の場合は，3 世代が 50 年ほどの間，サザン・パシフィック鉄道に雇用されたことになる。鉄道会社とヤキの結びつきが強かった様子は，ヤキのモイセスの自伝にも示されている。1923 年 3 月にトゥーソンで職を失ったモイセスは，仕事を求めてロサンゼルスに渡り，真っ先に同地のサザン・パシフィック鉄道の雇用事務所を訪れたことを記している。[22]

　類似した事例として，ニューメキシコを伝統的な居住地としながら，サンタフェ鉄道の建設のために，1922 年からサンフランシスコ市と湾を挟んで隣接するリッチモンド市に移り住んだ先住民族であるラグーナ・プエブロが挙げられる。[23] この事例の場合は，1880 年にラグーナ・プエブロとサンタフェ鉄道の間に口頭での条約が交わされ，ラグーナ・プエブロがニューメキシコの土地を鉄道が横切ることを承諾する代償として，サンタフェ鉄道が彼らに仕事を保障することが定められた。そして，多くのラグーナ・プエブロがリッチモンドに移住し，同地で鉄道建設に従事した。[24] 筆者の聞き取りによると，ラグーナ・プエブロの人々は，鉄道路線の間に位置する三角州のような空き地に集落を形成して生活していた。その空き地はサンタフェ鉄道が所有しており，条約に基づいて同社は人々が空き地を使用することを黙認していた。そして，リッチモンドに近いサンフランシスコやオークランドに都市先住民が全米から流入すると，ラグーナ・プエブロの人々はそういった先住民の人々とも交流するようになった。しかし，1996 年にサンタフェ鉄道がバーリントン・ノーザン・サンタフェ会社に吸収合併されると，ラグーナ・プエブロの人々は空き地の集落から立ち退きを迫られ，集落は解散した。集落の住居はそのまま空き地に埋め立てられたという。立ち退き後，多くの人々はリッチモンド市内に自らの資金で住宅を借用もしくは購入した。現在

でも多くのラグーナ・プエブロがリッチモンド市内に居住し、鉄道会社の空き地の集落における共同生活を経て構築されたネットワークを基に伝統的な文化と社会を守り、ニューメキシコの故地と強いつながりを持ちながら暮らしている。

このように、米国政府の主導による都市への移住政策や、それ以前に行われた鉄道会社による先住民の雇用は、特に米国南西部において、先住民とそれ以外の人々が接する機会を増加させていった。そのような体験によって、米国のヤキは、生活水準を高めると共に、メキシコのヤキとではなく、米国の様々な人々と過ごす時間を増やしていったことが想像できる。

米国先住民の農場における労働

また、ヤキを含む先住民の人々は、鉄道以外の産業にも従事した。例えばアリゾナ州の農業では、1950年代以降においても先住民の人々は安価な労働力であった。

アリゾナ州における農業労働者は、年間を通じて不足していた。例えば1962年の月別統計の場合、労働力が充分だった月は7月の1カ月のみで、残りは1番少ない月でも200人、多い月では2300人を超える労働力が不足していた。[25] そのため、州が主導する先住民を対象とした計画により、多くの先住民が保留地や集落で勧誘され、アリゾナ州内の農場に斡旋された。さらにアリゾナの先住民は、コロラド、ユタ、アイダホといった近隣の州にも労働者として派遣された。例えば1953年の1年間には、約1万人の先住民の人々がこの制度によって農業に従事した。[26] 先住民を農業労働者として勧誘する事務所は、ナバホ保留地内に4カ所、ホピ保留地内に1カ所、フォート・アパッチ保留地内に1カ所が設けられた他、出張所がトゥーソンのパパゴ(現トオノ・オータム)保留地と、サン・カルロス保留地に設置された。[27] こういった当時の政策の後押しもあり、ヤキはトゥーソンの労働力として定着していった。開拓期にあったトゥーソン市周辺で、労働者としてヤキが地域社会に貢献したことは、米国政府を含む様々な機関が確認している。ヤキの先住民認定を議題とし、1964年9月に米国上院内務および島嶼

第 4 章　難民労働者から米国先住民へ　111

部問題委員会で開かれた公聴会の記録[28]にも，その旨が記されている。

　さらに，ヤキの人々が労働者となる方法は，先住民としての雇用機会の利用に限られなかった。

　アフリカ系米国人女性について，ライフヒストリーを中心とした方法で研究を行っているルスールは，アリゾナ州の綿花畑において労働に従事したアフリカ系米国人の人々に聞き取り調査を行った。

　1862 年の奴隷解放宣言まで，米国の綿産業は奴隷によって支えられていた。アリゾナ州は，1848 年の米墨戦争で北部が，1853 年のガズデン購入で南部が米国の領土となり，1863 年に準州となった後，1912 年に州として独立したため，法律上はアフリカ系米国人奴隷が労働に従事した歴史がない。しかしながら，アリゾナ州の経済は，「3 つの C」，即ち銅(Copper)，家畜(Cattle)，綿(Cotton)によって成り立っており[29]，これらの主要な産業の内，特に 1930 年代以降の同州の農業を支えた綿産業では，アフリカ系に限らない様々な人々が，実質的な奴隷に近い大変過酷な環境で働いていた。[30]　そのような人々の一部が，ヤキを始めとする先住民であった。

　ルスールによると，綿産業に従事した人々は，長い間人種や経済に基づいた差別に晒され，現在でもその状況は必ずしも改善されていない。例えば，ルスールの調査地の 1 つである，綿花栽培で栄えたアリゾナ州ランドルフは，実質的には 1 つの市を形成しているが，米国政府には市として認められていない。そのため，電気，水道，電話の他には公共サービスが全く提供されず，現在でも郵便番号すら与えられていない。[31]　元々ランドルフにはヨーロッパ系の人々のみが居住していたが，綿産業の労働者が増加すると共に，高速道路によって東西に分けられ，1925 年に，西側にはヨーロッパ系の人々が，東側にはいわゆる「有色人種」に属する人々が居住するよう，郡によって定められた。[32]　ルスールの集めた証言の中に，あるヤキの家族が，ランドルフの東側，即ち「有色人種」の地区に居住していたことも示されている。[33]

　同じく，トゥーソン市の北側に隣接するマラナ市は，綿産業で栄えた街の 1 つであり，現在でも綿花畑の跡地に隣接した土地に，ヤキの集落が存在している。そのような事実にも，ヤキの人々が「綿畑で働く有色人種」という，

米国において特に社会的，経済的に恵まれず，人種差別の対象となった人々と共に生き，体験を共有したことが現れている。2011年1月8日にスーパーマーケットで乱射事件が起こり，演説を行っていたアリゾナ州選挙候補者が負傷すると共に6人の民間人が死亡した事件が起こった。日本を含む報道機関はこの事件がトゥーソン市内もしくはトゥーソン近郊で起こったと報じたが，実際に事件が起こった場所はマラナに位置する。マラナ全体の失業率や貧困率は全米平均のデータと比較して特に高いわけではない。しかしながら，マラナ市内でヤキの集落の立地する区域は，突出して犯罪率が高い[34]。これは，マラナのヤキ集落が現在においても社会的，経済的に不平等な立場に置かれている事態を反映しているのかもしれない。

3. ヤキと米国の移民政策

先住民に比較的寛容なアリゾナ州に移住し，さらに20世紀前半には先住民と非先住民が同じ場所で働くようになったとはいえ，20世紀半ばまでのヤキの人々はいわば社会の底辺で，社会的，経済的差別や，人種偏見に晒されていた。しかし，1960年代に起こった米国移民政策の転換は，そのような状況に変化をもたらした。

米国の産業と労働問題を研究するブリッグスによると，米国を建国したとされている，イギリスからのキリスト教プロテスタントの一団であるピルグリム・ファーザーズが，宗教迫害を受けてアメリカ大陸に移民したことからも分かるように，そもそも米国における移民という用語の法律上の定義には，現在の難民の概念が含まれていた。そして，法的に移民とは別の枠組みとしての難民を定義する必要性が米国で発生したのは，1920年代に入ってからであった。しかしながら，実際には，難民の概念が法律に持ち込まれた後も，難民に対しても他の移民と全く同じ方法で入国審査が行われた。[35] 難民という立場に置かれた人々の処遇が法的に明確化されたのは，1948年の難民法の制定によってである。そのため，1910年頃までに米国に入国した当時のヤキが，アリゾナ州において「難民」もしくは「政治的亡命者」とされて

いたのは，極めて特殊な事例であったことが分かる。

政治的亡命者は，難民の一種である。米国で定められている難民と政治的亡命者は，どちらも人種，宗教，国籍，政治的な意見，所属する社会的集団によって迫害の危機にあり，米国に保護を求める人々である。しかし，難民が本国に居住している時点で米国に保護を求め，許可を得た後に入国するのに対して，政治的亡命者は，例えば米国滞在中に本国でクーデターが起こったために米国に引き続き滞在を求めるなど，入国後に米国政府の保護を求める人々だという違いがある。[36] ヤキの場合は，状況的には難民と類似しているが，メキシコから流入したヤキの多くが自分たちで米国に入国した点において，政治的亡命者という立場に近いことが分かる。同時に，これらの移民，難民に関する法律は，歴史的に米国内にも居住の歴史を持っているヤキのような先住民族にそのまま適用するのは適切でない場合もあるだろう。

メキシコに居住していた多くのヤキが何らかの方法で米国に入国した時期から20世紀半ばまでに，米国の難民や政治亡命者に対する法的措置は，繰り返し変化してきた。

表4-2 米国の難民，政治的亡命者，メキシコからの移民に関する主な政策の変化

1914年 -1918年	第一次世界大戦：ヤキ男性を含む多くの米国の先住民や移民が米軍に従軍し，市民権を獲得（この時点で米国の先住民には市民権が与えられていなかった）。[37]
1917年	1917年移民法：身体障害者，アジア人，16歳以下の子供といった特定の人々を排除し，熟練労働者や専門家の移民を奨励。[38] 識字テスト（リタラシーテスト）が課せられるようになる。[39] ヤキの中にも受験者がいた（後の部分で解説）。
1921年	国際連盟難民高等弁務官が任命され，各国に難民問題の解決が求められる。[40] しかしながら，実質的に難民であったヤキに対して具体的な政策は示されなかった。
1921年	1921年緊急割当法：出身国ごとに移民の人数を割り当て（在米外国人の人数を割り出し，その人口の3％相当を割り当て）。[41]
1924年	1924年移民法：出身国ごとに移民の人数を割り当て（在米外国人の人数を割り出し，その人口の2％相当を割り当て）。[42] 難民も割り当て人数の中に含まれた。[43] ただし，メキシコ系労働者が必要だと考えた米国南西部の企業が反対したため，メキシコを含む西半球からの移民は割り当て数に含まれず。[44] 排日移民法とも呼ばれる。同年に，インディアン市民権法によって米国の先住民は市民権を得る。ただしヤキは難民として認識されていたために対象外とされ，市民権を得られなかった。
1939年 -1945年	第二次世界大戦：多くの移民と同様に，ヤキ男性は米軍に従軍し，市民権を獲得。[45]

1940 年	外国人登録法：米国に滞在する外国人に登録と指紋の押印を要求して，移民の制限を強化。[46]
1942 年 −1964 年[47]	ブラセロ計画：米国とメキシコの二国間協定に基づき，メキシコから短期の労働者を受入。第二次世界大戦中の農業労働者不足解消のために開始。[48] 米国内のメキシコ系（先住民，非先住民問わず）移民の数が増加。
1948 年	難民法：東ヨーロッパの社会主義国家からの難民を受入。[49] 1945 年にトルーマン大統領が発した，緊急的に難民を受け入れる政策を恒久的なものとした法律である。[50]
1950 年	国内安全法：米国議会で初めて「政治亡命者」が定義される。[51] それまでにヤキは政治亡命者として扱われていたが，法律では詳しい定義がなされていなかった。
1952 年	1952 年移民法：国別の移民人数割り当てを超えた場合でも，緊急の難民受入が可能。[52] 排日移民法の撤廃。[53] 以降，移民の受け入れが進む。 〈受け入れ促進の具体例〉
1953 年	難民救済法成立。ヨーロッパの社会主義国家と中国からの難民を，米国市民が保証人となった場合に受入れ。[54]
1957 年 −1959 年	1956 年のソビエト共和国によるハンガリー侵攻を受けた，38,000 人のハンガリー難民の受入れ。[55]
1960 年 −1962 年	キューバの社会主義化に伴い，14,018 人のキューバ人の子供の受入れ。[56]
1961 年 −1965 年	米国キューバ難民計画：米国とキューバの国交断絶に伴って，キューバから米国に渡航するビザの発給が停止されたため，訪問者ではなく難民としてキューバ人を受け入れることを決定。[57]
1962 年	移民および難民支援法：1980 年までの難民政策の基本となる。本国で政治的，思想的もしくは軍事的な理由で危機にある人々を受入。入国後の支援も充実化。[58]
1965 年	1965 年移民法：国別の人数割り当てを廃止。移民を米国市民との血縁関係や職業によって 8 段階に分け，優先順位を付けて受入。[59]

　大変簡略に述べると，20 世紀初頭の米国の移民受け入れは，米国社会の底辺を支える労働者の確保という色合いが強かった上に，主流社会の中核を構成するヨーロッパ系の植民者と類似したエスニシティを持つ人々を主な対象としていた。そして，すでに述べたように，難民や政治的亡命者を他の移民と区別して審査し，彼らを積極的に受け入れる体制は整っていなかった。

　ところが 20 世紀半ばに入ると，冷戦の影響を強く受け，上のような政策に変化の兆しが現れる。1948 年の難民法によって，難民や政治的亡命者の受け入れは急速に進んだ。そして，1961 年から 1963 年のケネディ政権は，1962 年の移民および難民支援法に現れるように，政治的亡命者および難民にさらに寛容な政策を取った。具体的には，米国は難民の受け入れを増やし，

同時に難民の受け入れを促進した。また，難民を無作為に受け入れて永住権を与えるのではなく，状況に応じて7つのグループに分類し，優先順位をつけた上，条件付きの入国を許可するという政策を打ち出した。[60] 当初は難民としての亡命を許可された後の人々に政府が関与することはなく，住居の手配や社会保障の手続きなどについても支援が全くなかったが，1962年の難民支援法の一環として，米国が受け入れ難民の入国後の生活を把握し，支援するようになった。[61]

このような変化の背景には，東ヨーロッパ諸国やキューバの社会主義化に伴って，政府に限らず一般の人々が，メディアでの報道などを通じて難民や亡命者に対しての関心を高めたことが挙げられる。1962年に議会によってヤキの問題が取り上げられたことも，このような流れの中で理解されるべき出来事だった。さらに，ケネディ政権がそれまでの政権よりも先住民文化を尊重する姿勢をとっており，同政策が先住民政策の転換をもたらしたと指摘する研究者も存在する。[62] ヤキへの土地，国籍および先住民としての法的地位の付与について，初めて米国議会で議論が行われたのは1965年であり，米国政府の移民政策および先住民政策の変化と同調していると見ることもできる。

ヤキは，他の政治亡命者や難民の人々と比較して，長い間，米国市民権を得ることが難しい立場にあった。1948年の難民法以前は，難民と移民が同じ法律によって管理されており，ヤキが米国滞在を申請するとすれば，一旦メキシコに戻り，メキシコ政府を通じてパスポートやビザを申請する必要があったからである。ヤキの反乱と武力による抑圧が20世紀半ばまで続き，さらにヤキの人々が申請時にメキシコ軍に登録されることを恐れてパスポートを取得したがらない事情(この状況は現在まで続いている)のために，この方法を取ることは難しかった。

その後制定された難民法によれば，難民および政治的亡命者は米国での就労を許可され，1年以上居住すれば永住権を得ることができた。難民と政治亡命者に対する処遇の違いは，永住を許可される人数であった。難民については1年間に永住を許可される人数の上限がない一方，政治的亡命者の上限

は毎年1万人に定められていた。[63] ヤキは後者の政治的亡命者のカテゴリーに属し，永住許可を得るのが難しかった。また，多くのヤキは経済的にも困窮し，教育を受けられなかったため，申請に必要な情報の収集や書類の作成は大変困難であり，実際に永住権や市民権が与えられる可能性は低かったといえる。

他に当時の米国でヤキの人々が市民権を獲得できた方法には，(1)米軍への従軍，(2)米国国内での出生の証明，(3)米国で出生した人々との親族関係の証明，が存在した。特に20世紀の第一次，第二次世界大戦には，ヤキを含む多くの先住民や移民が，市民権を得るために従軍した。以下は，1977年に米国上院インディアン問題特別委員会で開かれた公聴会に，ヤキの代表であったアンセルモ・バレンシアが提出した声明の一部である。

> ヤキ・インディアンは米軍の様々な組織に貢献しました。第二次世界大戦から，軍に志願したり，徴兵されたりして活躍し，現在でも志願や入隊によって貢献しています。これは全ての米国市民にとっての権利と責任を彼ら（ヤキ）が果たしたことを示しています。[64]

米軍への従軍は，命がけではあるが確実な市民権獲得方法であり，その総数は明らかになっていないものの，多くのヤキの人々が世界大戦に参加するきっかけとなった。

ヤキに対する教育と市民権の付与

また，ヤキに移民として識字テストを受験させようという動きもあった。ヤキの労働者としての雇用を促進するためにも，彼らに米国市民としての教育を提供しようと唱えた人々は，識字テスト施行直後の1920年代にすでに見られた。一例として，トゥーソンのスペイン語教師として長く教育に携わり，同時にヤキを含む多くの先住民に関する研究と記録を残した[65]ボーガンは，ヤキに対する教育の必要性を説いた論文[66]を残している。

我々の近くにいるヤキに，何ができるのか？

　まず初めに，私たちは彼らを教育しなくてはならない。ヤキは米国市民になることを望んでいる。ヤキは勤勉で，法を守り，英語をよく知っており，学校がどのようなものかも知っている。(中略)

　ヤキは米国に居住するためにやってきた。彼らはこれからも多くやって来るだろう。そして，我々はヤキの属する社会階級の労働者を必要としており，その需要は今後も高まるだろう。米国に入国すれば，ヤキは迫害の恐怖にこれ以上悩まされることもなくなり，米国に留まるだろう。我々はヤキを(米国の)工業的な生活に受け入れる手助けをするべきだ。そうでなければ，ヤキは有用な人々ではなく，負担になる。助けではなく重荷になる。[67]

　実際にヤキに市民権獲得に向けた教育の機会を提供する動きが公的に始まったのは，1940年代であった。1942年4月18日付のアリゾナ・デイリー・スター紙によると，米国市民権を獲得し，米国で就職する能力を身に付けるため，すなわち識字テスト対策の講座がトゥーソンで開かれていた。市内10カ所の会場のうち1カ所は，ヤキ集落の1つと明記され，主催者は政府機関の公共事業促進局であった。以下はこの講座を紹介した新聞記事の抜粋である。

　市民権の講座，提供される——公共事業促進局が外国人の試験準備を補助

　トゥーソン在住の外国人で，米国市民権の取得を希望する者は，市民権獲得の試験準備の補助を受けられる。講座は，公共事業促進局によって運営される。この計画は，連邦労働局が昨日告知した。市民権教育，英語による会話，読解，筆記の講座が無料で開催される。外国人は，米国について学ぶ機会を与えられ，これらの講義への参加を通じて，米国市民に課せられた義務の理解を目指す。(中略)講座への参加者は，教師

図 4-3　ヤキの教会を利用した学校
Public School in Yaqui Village, Tucson. The Arizona Historical Society.

　と相談の上トゥーソン市内および近郊の開場に登録のこと。(中略)ヤキ集落，東 37 通り，火曜日，木曜日，午後 6 時から 9 時半。[68]

　このような講座は，ヤキの人々を救済すべく開講されたと考えられる。しかしながら，それまで教育を受ける機会がほとんどなかった人々のうち，一体何人が週に数回の講座への参加によって識字テストに合格し，移民として合法的に米国に滞在できるようになったかは定かでない。
　ヤキの人々が，1940 年代に識字テスト対策としての教育の機会をどのように捉えたのか，詳しい資料は残されていない。しかし，1920 年代の資料には，ヤキの「酋長」であるとされる人物が，ヤキが教育を受ける機会を待ち望んでいた様子が述べられている。

　　　フアン・ピストラ，ヤキの酋長，87 歳。(中略)彼は，米国の諸機関を熱心に賛美する。そして何よりも彼の人々(ヤキ)が米国の住民や市民となり，米国の学校に通えることを望んでいる。[69]

つまり，他の米国先住民が米国支配社会から法的に独立し，文化的にも先住民らしさを打ち出して行こうとする時期である1930年代から1960年代にかけて，ヤキは労働者という立場，および米国政府による先住民の雇用促進政策を通じて，米国市民権を獲得し，米国社会へ積極的に参与する足がかりを築いた。その結果，次第にヤキの人々自身が自らの労働者としての資質を外部に積極的に示して行く様子が，アリゾナ歴史協会に残された，パスクア・ヤキ協会の手紙に記されている。

> アリゾナのヤキ集落は，米国の主流社会に，重要な技能や才能を提供できることを確信しています。しかし，ヤキ集落がスラム街である限り，その技能や才能がもたらされることがないでしょう。今日，トゥーソン市民の助けを得て，彼ら(アリゾナのヤキ)はスラム街から脱するべく，新しい集落を建設中です。(中略)
> 建設計画を通じて，ヤキは建設技術を学んでいます。その技術によって，ヤキはトゥーソンの経済活動に適応することができるでしょう。[70]

米国政府は，メキシコ政府からのヤキの引渡し要求を拒否し続けたとする資料もある。[71] その陰では，ヤキの人々は，歴史に基づいた米国領土内に居住する権利を主張するのみならず，労働者が慢性的に不足していた米国南西部において，労働力を提供し続けたのであった。

4. アメリカ・インディアン運動との連動

米国の民族的少数者にとって，60年代は大きな転換期であった。1950年代半ばに始まった，アフリカ系米国人による公民権運動は60年代に入るとさらに盛り上がりを見せ，1964年にはキング牧師がノーベル平和賞を受賞した。公民権運動は他のエスニック・グループにも広がり，メキシコ系米国人の権利獲得運動であるチカーノ運動や，アジア系米国人の公民権運動へと波及した。

米国先住民の場合も例外ではない。1960年代半ばから「レッド・パワー」という合言葉の下，主に大学教育を受けた先住民が中心となって[72]，先住民としての社会的権利獲得のための活動であるアメリカ・インディアン運動が始まった。最も大きな抗議活動として知られるのが，1969年から1971年にかけての，カリフォルニア州サンフランシスコ市の沖合に浮かぶアルカトラズ島の占領である。この活動では「インディアンズ・オブ・オール・トライブス（全ての民族のインディアン）」と名乗る，様々な先住民族から成る人々が，19カ月間にわたって島を占領した。彼らはアルカトラズ島に，先住民研究センター，先住民精神世界センター，先住民環境センター，先住民職業訓練学校，先住民博物館を開設し，若者を中心とした先住民の人々の生活を改善し，伝統的価値観を守ることを計画した。[73] 実際にアルカトラズ島にこれらのセンターや学校が建設されることはなかったが，この活動はその後の先住民権利運動に大きな影響を与えた。

ヤキの人物が体験したアメリカ・インディアン運動

　アルカトラズ島占領など広く知られているアメリカ・インディアン活動事件にどれ位の米国のヤキが参加したのか，調べることは大変難しい。筆者が調査の中で出会い，講演者として招聘したこともあるビル・キロガ氏は，アルカトラズ島占領に実際に参加した。キロガはカリフォルニア州出身のヤキであり，アルカトラズ島占領が始まった時には大学を中退し，米国の北部で労働者として働いていた。そして，アルカトラズ島占領に関するニュースを聞き，興味を持ったので行ってみることにしたという。キロガが知る限り，アルカトラズ島を占領した先住民の中にヤキは見当たらなかったという。キロガによると，アルカトラズ島の占領に関わった先住民達は，(1)純粋に先住民の権利回復に尽力したいと考えている人々，と，(2)お祭り騒ぎに便乗したかった先住民，に大きく分けられ，島で真剣に議論を交わす人々がいる一方で，毎日浴びるように酒を飲み暴れていた人々もいたという。そして，キロガは，「ヤキはメキシコ人だから帰れ」と言われたこともあったそうである。キロガ自身は同活動に加わったことから先住民の権利に関して興味を深め，

大学に復学してアリゾナのヤキ集落に移り住み，後には大学院の修士課程を修めた。現在は，ネイティブ・アメリカン・ボタニックス社という，様々な先住民族の間に伝わる薬草の知識を用いてハーブ製品を開発，販売する企業の社長を務めている。同社は，製品のパッケージに先住民芸術家の描いた絵を採用したり，従業員に先住民を優先的に採用したりするなど，単なる営利企業の枠に収まらない活動を展開している。[74]

　加えて，アメリカ・インディアン活動に関わった人々の中で有名なのが，サッチーン・クルス・リトルフェザーであった。リトルフェザーはカリフォルニア州でアパッチとヤキの伝統を受け継ぐ先住民の父とヨーロッパ系の母の間に生まれ，70年代には女優として活動していた。1973年に，1890年に先住民の虐殺が起こったサウス・ダコタ州のウーンデッド・ニーにおいて，アメリカ・インディアン活動の参加者による政府への抗議活動が行われた。しかし，彼らは政府の派遣した軍から武力で鎮圧された。同年に映画「ゴッドファーザー」に出演したマーロン・ブランドがアカデミー主演男優賞を受賞した。しかし，ブランドは上記のウーンデッド・ニーにおける事件における政府の行動と，米国の映画産業の生み出す先住民イメージに反対して，受賞を拒否した。そして，リトルフェザーに代理として授賞式に出席し，演説を行うように依頼した。アカデミー賞授賞式の会場はリトルフェザーの登場によって騒然としたが，この一件以降先住民を不当に描く映画が激減した。[75] キロガのようにアメリカ・インディアン活動への直接的な参加を経てアリゾナのヤキ集落に移り住んだ者や，リトルフェザーのようなヤキの祖先を持つ著名人のメディアへの登場は，間違いなくアリゾナのヤキの人々の考えにも影響をもたらしたであろう。

アメリカ・インディアン運動後の法律

　さらに，アメリカ・インディアン運動の成果は，70年代以降に米国政府によって定められた法律の形を取って現れた。例えば，1975年の先住民自治および教育支援法制定によって，先住民による自治権の範囲が大幅に拡大した。また，1978年のインディアン児童保護法は，先住民の家族から子供

が引き離され，米国政府の設立した寄宿舎形式のインディアン学校に隔離された歴史を踏まえ，このような悲劇の再発を防ぐために制定された。他にも，70年代後半には，先住民の様々な宗教的価値観を守るために諸種の法整備がなされた。1978年にはアメリカ・インディアン宗教自由法が定められ，先住民文化古来の精神世界や儀礼が保護されるようになった。さらに，研究や商業活動によって，墓や宗教儀礼の場が無断で調査されたり，それらの場所にある物が持ち去られたりしないように，1979年には考古学資源保護法が制定された。80年代以降にも，1990年のネイティブ・アメリカン墓地保護および返還法や，同じく1990年のインディアン美術工芸法など，70年代に定められた法律をさらに発展させた法律が定められ，米国においては先住民の権利保護が進められている。

　60年代から70年代は，米国の主流社会が文化的，社会的に大きく変革を遂げた時期でもあった。先に挙げた民族的少数者による政治活動が活発になり，彼らが米国社会においての存在感を増したことは，米国の文化的許容力全般の伸張と歩調を合わせている。さらに，60年代以降の移民の増加も重なり，この流れは「政治，教育，宗教に跡を残し，米国人の食事，服装，音楽への好みを変えた」という。[76]

　つまり，60年代以降の米国には，先住民でありながら亡命者でもあり，米国主流社会とは異なった文化を持つヤキを市民として受け入れる準備が整った，と考えることができる。これに呼応するように，米国議会とヤキの人々の双方に，亡命者として庇護される立場に留まるのではなく，内部から自立して行こうという姿勢が生まれたのも，この時期であった。

パスクア・ヤキ協会の活動

　アメリカ・インディアン運動の始まった1960年代は，パスクア・ヤキ・トライブの前身となる，パスクア・ヤキ協会の土地獲得を目的とした活動が活発化した時期でもあった。パスクア・ヤキ協会の前身であるサン・イグナシオ会は，1955年4月にアンセルモ・バレンシアを中心として，ヤキ集落の生活改善のために設立された。[77] サン・イグナシオは，ヤキによって特

第4章　難民労働者から米国先住民へ　　123

図4-4　「新しいパスクア，新しい希望」
（アリゾナにおけるヤキ集落建設の様子が示されている。）

Pascua Yaqui Association. *New Pascua... New Hope...*, 1969 (?) Courtesy of The Arizona Historical Society.

別に崇められているキリスト教の聖人である。

　サン・イグナシオ会があくまでヤキ集落の内部での組織であったのに対し，パスクア・ヤキ協会は，アリゾナ州の法律に基づいた非営利団体であった。[78] 当時のヤキ集落は，人口の拡大と，高速道路建設による集落の一部立ち退きにより，住居確保のために土地の拡張または移転が必要な状態にあった。[79] そのため，パスクア・ヤキ協会は，トゥーソン市において，新たなヤキ集落建設のための土地獲得を目指して活動した。アメリカ・イン

ディアン運動が，米国政府を対象として，先住民の権利を直接的かつ具体的に獲得しようとしたのと同様に，サン・イグナシオ会からパスクア・ヤキ協会への移行によって，ヤキの活動はより政治色を帯び，国家への要求は具体性を増した。

　土地分配の対象となる人数を制限するために，パスクア・ヤキ協会の会員は当初「ヤキの血統を持つ人々」に，その後は「(米国に居住する人々の中で)ヤキの儀礼に関連する人々」[80]に限定された。ヤキが土地や米国先住民としての法的地位を獲得するにあたっては，米国の一般市民の間にも，社会的および経済的補償が決定した後に，メキシコからさらに多くのヤキが流入して来るのではないか，という不安が広がったことへの対応である。1978年のある新聞記事には，米国のヤキが，自らメキシコのヤキの流入によるヤキ人口の拡大を規制するべきだ，と主張している例が見られるが[81]，それより早い時期に，ヤキ自身によって，米国政府からの補助を受けることのできる人々はすでに限定されていたことがわかる。

　1978年にヤキの米国先住民認定が確定した際，米国先住民パスクア・ヤキとして登録できたのは，パスクア・ヤキ協会に所属する人々のみであった。[82]そのため，米国のヤキが米国に認定された先住民となる基盤は，パスクア・ヤキ協会が設立時期の60年代に形成されたと考えられる。

　パスクア・ヤキ協会の活動の成果として，米国政府より同協会へ202エーカー(0.817平方キロメートル)の土地を所有する権利が，1964年に譲渡された。[83]トゥーソン市に位置し，現在ニュー・パスクア集落と呼ばれるこの土地は，現在保留地となり，米国インディアン・トライブとしてのパスクア・ヤキが米国政府と関わりを持つ際の窓口となるトライブ政府が設置されている。トライブ政府の設置も，上に示したパスクア・ヤキ協会への会員制限と同様に，米国先住民としての基盤の1つと見ることができる。また70年代に入ると，ヤキの間には，米国に住む人々の寄付に頼るのではなく，民族として自立したい，という姿勢を内外に強く示す動きが現れ始めた。例えば下は新聞記事に記されたヤキの意見である。

私たち(ヤキ)は独自の儀礼を持ち，私たちはそれを愛しています。しかし，それは私たちが生きる方法であるわけではありません。それは，私たちは自分たちの周りの世界で何が起きているのか知らないということではありません。ヤキの方法(生き方：1968年に発刊された，カルロス・カスタネダの著作，『呪術師と私――ドン・フアンの教え[84]』を指していると考えられる)などというものはありません。それは，偽善者やペテン師が，そうしたいと考えるものなのです。私たちは彼らが差し出すものを受け取ることはできますが，心の中では，自分たちが得られるものを使って出来る限り自立した人々でありたいのです。[85]

　ヤキが60年代において土地所有権を主張し，70年代において社会的，経済的自立を追求した過程は，自治権についての意識の高まりの現れであると捉えることができる。しかしながら，ヤキに留まらず様々な米国先住民の権利獲得に寄与した[86]モリス・ユーダルという議員が，アリゾナ州を地盤としており，ヤキの認定にも関わったことを記しておかなくてはならないだろう。ユーダルは，キカプー・トラディッショナル・トライブの認定においても中心的な役割を果たした。[87] ユーダルの父であるレビス・ユーダルも議員であり，母のルイス・ユーダルは長くホピの人々と共に働き，ホピ女性のライフヒストリーを記すなど，先住民文化に深い知識と理解があった。さらに，ユーダルは幼い時に事故で左目を失っており，社会的に周縁化された人々全般についても理解が深かったように見受けられる。[88] ヤキの状況がユーダルのような人物の目に留まらなくては，認定が実現しなかった可能性も十分に考えられる。

同時期のメキシコにおけるヤキの状況

　メキシコにおいても，1970年代には，先住民の権利獲得運動が高まった。メキシコ先住民と政治について研究するソチェットは，1974年に開かれた，チアパス州ラスカサス市における先住民議会の開催を，近代メキシコにおける先住民運動の転換点と位置付けている。[89]

しかしながら，ソノラに居住していたヤキの人々が直面していた社会情勢は，アリゾナのヤキとは全く異なっていた。先に述べたように，メキシコにおいて，ヤキには例外的に「ヤキ地区」と呼ばれる先住民のための土地が与えられている。

　1934年から40年にメキシコの大統領を務めたカルデナスは，ヤキ問題に強い関心を示した。[90] アメリカ大陸の先住民に興味を抱いた宣教師であったタウンセンドによると，カルデナスは，力による制圧ではなく，平和的な方法でヤキ問題を解決しようとした。[91] カルデナスがメキシコ革命時に行動を共にしたオブレゴンは，ヤキ語に近い先住民言語のマヨ語を話し，多くのヤキ兵士を自らの軍に引き入れて共に戦った[92]ことから，カルデナスはヤキに対して関心を持っていたという。

　その結果，ソノラ州を東西に走るヤキ川の北にあたる土地の一角が，1937年に「ヤキ地区」として定められた。カルデナスは，ヤキ地区でヤキが自治権を持ち，自由に生活することを望んだ。しかし実際に地区が指定されると，メキシコの様々な省庁はヤキに関する部門を設置し，教師や医療関係者に留まらず，軍隊まで派遣した。[93] さらに，ヤキ地区の中には多くのヨーロッパ系もしくはメスティソの人々が居住し，ヤキの人口は5％以下であった。[94] この数字からは，メキシコでヤキに与えられた自治領が，ほぼ名目のみのものであったことが分かる。

　さらに，エヒード[95]というメキシコの土地法に基づいて農民に融資を行う銀行[96]であった，エヒード銀行の主導による放牧地の設定により，ヤキはバカテテ山への立ち入りを禁止された。[97] バカテテ山は，彼らの文化の中で重要な位置を占めている。バカテテとは，ヤキ語の「暖竹（バカ：baka）」と「高い（テテ・エヴェ：tete'eve）」が合わさった名称である。バカテテ山には，人間に不思議な力を与える蛇や羊が住んでいるために，神聖だとされている。さらに，ヤキの神話には，聖書のノアの箱舟に似た洪水の話があり，バカテテ山の峰には，洪水の際にそこに登ったために助かった動物の名前が付けられている。[98] また，同山は，19世紀の終わりから20世紀の初めにかけてのヤキのメキシコ政府への反乱の拠点[99]ともなった。ヤキが，彼

らの文化の中で重要な場所であるバカテテ山に，しかもそれがヤキ地区の中に位置しながらも，立ち入りを禁じられたということは，やはりヤキ地区が自治領としては機能していなかったことを示している。

　つまり，メキシコのヤキの人々は，米国のヤキの人々よりも早い時期に国家から自治領を与えられた。しかしそれは，民族がトライブとして国家対国家の関係を持つ米国のような形態とは全く異なっていた。メキシコにおいて，米国の先住民に与えられているような強い民族自治権を伴った保留地の必要性が説かれ始めたのは，90年代以降である。ジャーナリストのエルナンデス・ナバロは，メキシコにおいて先住民の自治権の必要性が強く示されたのは，メキシコ政府とサパティスタ解放戦線による，1995年のサン・アンドレス合意が出発点であるとしている。[100]

　さらに，耕地や灌漑の権利などの面で，ヤキは歴史的にヤキ地区に入植してきた人々と対立してきた。1965年には，ヤキ川沿いにイエズス会宣教師が建てた宣教村を基とした，伝統的な8つの集落が結集し，これらの事項に対して抗議活動を行った。1970年代に入ると，特に土地や水利権を巡ってソノラ州政府とヤキの対立が深まった。[101] 即ち，60年代には，アリゾナのヤキが米国政府や社会と歩み寄り，メキシコのヤキがソノラ州の居住者や政府と権利に関して対立する，という構造が生まれ，70年代以降その流れが強まった。

　すでに述べたとおり，米国のヤキは40年代から市民権獲得を目指すなど，米国に定住する努力を続けていたが，一方で，武器の輸出や移住などを通じてメキシコのヤキとも強い関係性を保っていた。しかし，60年代以降には，米国とメキシコのヤキには，保留地や自決権の要求，そして土地権や水利権など，それぞれ異なった課題が発生し，それらに別々に対応する必要が生じた。さらに，米国のヤキによるパスクア・ヤキ協会の設立に伴って，会員が「（米国に居住する人々の中で）ヤキの儀礼に関連する人々」に制限されたことは，メキシコから米国に向かうヤキの人々の流れを遮断した。さらに，メキシコのヤキが直面した，民族の聖地であるバカテテ山への立ち入り禁止や，水利権や農耕地を巡るメキシコ政府との対立といった問題は，メキシコ国内に帰

結するものであった。また，メキシコにおいて定められたヤキ地区と，米国で定められた集落や保留地は，法的にも社会的にも大きく異なっており，これらの地区や保留地の抱える問題が共有されるものではなかった。

つまり，米国のヤキは，労働者としてアリゾナの社会に参加することを通じて，米国社会に定着して行った。一方で，メキシコのヤキは，米国のヤキとは国境によって地理的に分断された。結果として，米国先住民社会の社会運動からの影響によって，米国内に居住するヤキの人々は，メキシコ領土内に居住するヤキの人々とは異なった社会的状況に置かれるようになった。

5. 汎インディアン意識の広まり

これまでにも述べてきた通り，アメリカ大陸における先住民族は，それぞれ異なった文化や言語を持つ。汎インディアン主義は，先住民の間に存在するそのような民族の差を越えてつながりを持とうとする考え方である。現在までに汎インディアン社会には，独自の儀礼や文化的表象が定着した。

汎インディアン運動の流れ

汎インディアン主義的な動きは，古くは 18 世紀に広まったペヨーテ信仰や，ゴースト・ダンス運動，サンダンスなどから見られた。ペヨーテとは，麻薬の一種で，元々現在のメキシコで使われていた。そして 1890 年代から，カナダと米国の先住民の間にも儀礼での使用が急速に広まった。さらに，1918 年に設立された，先住民の信仰とキリスト教の融合を目指す，北米先住民教会の儀礼の中で，ペヨーテが使用されるようになり[102]，結果的に米国の様々な先住民族の間で使用が盛んになった。その上，1940 年代になると，先住民以外の人々で構成されるカルトの中でもペヨーテが使われるようになった。[103] ゴースト・ダンス運動とは，1889 年に，ウォヴォカと名乗るパイユートのシャーマンが「先住民が平和を貫き，神が預言者に教えたゴースト・ダンスを踊れば，新たな楽園が訪れる」と説き，この考えが様々な先住民の間に広まって，ゴースト・ダンスと呼ばれる踊りに参加した事件であ

る。ゴースト・ダンスに関連して有名なのは，ウーンデッド・ニーと呼ばれる，先住民虐殺事件である。1890年，サウス・ダコタ州のスーのパイン・リッジ保留地に，ゴースト・ダンスを信じる先住民が共に踊るために集まっていた。これを反乱と勘違いした米国の軍が，84人の男性，44人の女性，18人の子供を射殺した。[104] また，サンダンスとは，ペグと呼ばれる木製の串を肌に刺し，それを中央の樹につないで踊る儀礼である。踊り手は，4日間の儀礼の最後に，串で肌を引き裂き，その痛みをもって友人や家族の苦難を引き受けようとする。[105] 上記のような薬物や儀礼は，現在までに異なる先住民族の間で共有され，使用や参加を通じて，汎インディアン的なつながりが形成された。

しかし，何よりも汎インディアン主義の浸透に拍車をかけたのは，インディアン学校の設置と，英語教育の普及だったといわれる。[106] なぜなら，インディアン学校では，全員が英語を学んだため，異なる先住民族の人々との意思疎通や情報の共有が可能となったからである。さらに寄宿舎生活を送ることによって，米国支配社会から見た「インディアン」としての意識が植え付けられた。

パウワウ

その一例は，パウワウと呼ばれる都市先住民の祭りである。パウワウの名称は，米国北西部のアルゴンキン語族の言葉で「彼もしくは彼女が夢を見る」という意味を表す「パウ・ワウ(pau wau)」という文章が起源だとされている。民族音楽について研究を行うブラウナーによると，米国に入植したヨーロッパ系の人々が，アルゴンキン語族の人々の行う伝統医療に興味を示し，伝統医療を模倣するようになった。その後「伝統医療」として英語に借用された「パウワウ」という単語は，1880年代になって，踊りを伴う祭りを指すようになった。[107]

パウワウは，汎先住民社会の人々の間でどのような意味を持つものとして理解されているのであろうか。2006年に筆者が訪れた，カリフォルニア州バレーホ市で開かれたパウワウで配られたチラシでは，それは以下のように

定義されている。

> パウワウの時間とは，インディアンの人々が共に集い，踊り，歌い，訪ね合い，古い友情を暖め合い，新たな友情を築くものである。そして古い考えを新たにし，豊かな遺産を守る時間である。(中略)様々な民族が集い，歌を分かち合う。(中略)今日のパウワウで見られる踊りのほとんどは，「社交」のための踊りで，昔とは違った意味を持っていることがある。[108]

また，ブラウナーは，パウワウを次のように定義する。

> パウワウは，音楽と踊りを通じて，アメリカ・インディアンの全ての民族が集い，彼らの文化を祝う催し物である。[109]

現在のパウワウは，多くの場合週末2日間にわたって，大学の体育館や，大きな公園で開かれる。主な催し物は，太鼓と歌を基調とした生のパウワウ独特の音楽に合わせた，先住民の人々の踊りである。踊りは，事前に踊り手として登録した人々が，性別，年齢ごとに分かれ，競技の形で賞金を掛けて舞うことが多い。そして，参加者には，競技の賞金を生計の一部としているプロの人々もいる。阿部は，いくつものパウワウを「はしご」するパウワウ道中即ち「パウワウ・サーキット」の存在と，彼らがいくつもの異なるパウワウで再開することによって生じる仲間意識の芽生えを指摘している。[110] 音楽と踊りの他には，先住民の工芸や芸術品を作家が直接販売する屋台が何十と並ぶ，大変賑やかな祭りである。食事のための屋台も店を広げ，フライド・ブレッドと呼ばれる，直径20センチ，厚さ2センチ程の小麦粉の揚げパンに，挽肉，レタス，トマト，豆を載せた，汎インディアン文化の食を支える料理を販売する。多くのパウワウには，人々が持ち込むキャンプ用の椅子や屋外用テントの外に，サーカスの舞台の周りに設置されるようなすり鉢状の椅子が設置されるなど，先住民でなくても観客として踊りを見物したり，

屋台で買い物することができる。

　元来パウワウのような祭りは，米国北部のみで開かれていたもので，南北アメリカ大陸全ての先住民に共通のものではないどころか，米国のほとんどの先住民にとっても伝統的なものではない。ブラウナーによると，パウワウが米国北部の先住民によっていつどのように始められたのか，詳しい点は明らかになっていない。[111] しかし，パウワウが本来の地域的なものから，パレード，音楽，踊りの要素を備え，精神世界を重視したものに変化した時期は，第二次世界大戦後で，本来第二次世界大戦からの先住民復員兵を迎えるために企画された催しであったという。[112] つまり，パウワウは北米先住民の伝統儀礼の延長としてよりも，現代の米国先住民社会の諸相を反映し，汎インディアン意識と社会の創造の場と捉えたほうが，より現実に即している。

　パウワウは，先住民の人々の心をどのように支えているのだろうか。以下は，ブラウナーによる聞き取りの引用である。

　　落ち込んだ時や，大変なとき，主にパウワウが私を救ってくれます。私の人生がどうなっていてもよいのです。パウワウにいくと，幸せになります。その幸せは，音楽からやってきます。そして人々がそこにいて，音楽がそこにあって，私たちの言葉がそこにあります。我々のそれらは強く，力に満ちています。それらは，私たちに生きる強さやよい人生を送る力を与えてくれます。それがパウワウの全てです。今日のそれらは過去からは変化してしまっています。しかし，それでもなお人々はそこにいて，そこに歌があって，いろいろなネイション――インディアンの民族――からの言葉があります。[113]

　この聞き取りに現れているように，パウワウは現代になってから人工的に作られた儀礼であるとはいえ，現在ではそれは多くの先住民の人々を精神的に支えており，特に特定の先住民族によってではなく多様な先住民族によって構成される都市部の先住民社会においては，大変重要なイベントである。

汎インディアン的図像とその使用

　汎インディアン主義に関連する，鷲の羽，ドリーム・キャッチャー，メディスン・ホイール，熊，矢印，ティピと呼ばれるテントといった図像の数々も，汎先住民文化を支えている。しかし，そのような図像も，元々は一部の先住民族が使用していたものであった。

　ドリーム・キャッチャーは，元々はオジブエの文化の工芸であったものが，先住民でない人々の間にも広く流通した。チペワの工芸におけるドリーム・キャッチャーは，直径が10センチ前後の大きさで，ポタワタミ，オタワ，チペワの先住民族を示す3つのビーズが編みこまれる。ドリーム・キャッチャーは，子供の枕元に飾られ，蜘蛛の巣のような網目と羽根を通って良い夢のみが子供に届くと信じられている。[114]

　メディスン・ホイールは，北米大陸中央の平原地帯を伝統的な居住地とする様々な先住民族によって，地面に石で描かれる模様である。様々なメディスン・ホイールの中でも最も有名な，ワイオミング州とモンタナ州の境に位置するビッグホーン・メディスン・ホイールは，300年から800年前に作られ，直径およそ25メートルの自転車の車輪のような形をしており，中央の小さな円から外側の大きな円に向けて，28本の放射線が描かれている。[115] メディスン・ホイールの中では，様々な民族の儀礼が行われた。

　熊やバッファローの体に描かれる矢印は，ニューメキシコの先住民であるプエブロ系先住民族の文化で，強さを表すとされている。[116] 三角形のテントであるティピは，元々シベリアの遊牧民の住居であったとされ，米国の平原地帯の先住民の伝統的な家屋としても一般的であった。[117] 現在，これらの図像は，例えば先住民関連の団体のマークや，先住民の開催する企画の広報などに広く使われている。

　北米先住民を政治学の観点から研究するマターンは，「先住民アイデンティティと先住民という言葉に付与されるものは，常にパウワウによって再定義され，再生産されている」[118]と述べた。パウワウに参加する先住民は，パウワウが自分の民族の伝統でも，他の民族の伝統でもなく，近代の汎インディアン主義の創造物であることを心得ている。一方で，その創造された文

第 4 章　難民労働者から米国先住民へ　133

図 4-5　ヤキについての風刺画
Bob Barnes. "The Better Half" *Los Angeles Times*. July 4, 1976. 840. KFS Reprint.

化を，自らの民族的アイデンティティの核としている。先住民の象徴を用いる際も同様である。

　ヤキの人々の間には，現在でもパウワウを始めとする汎インディアンの文化や図像に反発する動きが見られる。[119] しかしながら，ヤキの人々は，「インディアン」として賃金労働や社会運動に参加することで，汎インディアン社会の一員としての意識を高めていった。今日のヤキも，パウワウに参加したり，米国先住民の間で広く使われる図像を利用したりしている。例えば，サンフランシスコに隣接する大きな商業都市であるオークランド市に位置するミルズ大学において，2007 年に開かれたパウワウでは，2 人のヤキが踊り手の代表となった。近年では，ラテンアメリカ系の先住民移民の間で，アス

テカ・ダンスと呼ばれる汎先住民の踊りも広まっており，パウワウの踊りと類似した役割を果たしている。パウワウと同様に，アステカ・ダンスに参加するヤキの若者も多い。汎インディアン主義に基づいた活動は，先住民族間の連帯を強める重要な役割を果たしている。

　一方で，汎インディアン主義の広まりは，新たな問題を生み出した。米国先住民らしさが，パウワウのような特定の形式や，ドリーム・キャッチャーを始めとする特定の図像によって表現されることで，先住民でない人々によって意に反する方法で利用されることがより容易になったのだ。

　例えば，図像として先住民の文化のほんの一部を示す事物が強調されることは，多様な民族によって構成される米国先住民の社会を画一的に描くことを可能にしてしまう。図4-5は，1976年のロサンゼルス・タイムス紙に掲載された風刺画である。「ヤキヤキ族に違いない」という文章が付け加えられている。これは，ヤキと，「ぺちゃくちゃ」といったような会話の音を意味する「ヤクヤク(yak yak)」を掛けた言葉遊びである。さらに，1976年は，1978年の米国政府認定に向けてヤキが社会的な運動を活発に行っている時期であったことから，ヤキがたびたび新聞記事に取り上げられたために，主流社会の注目を集めたと考えられる。さらに，ヤキと会話が結びつけられている点からは，ヤキが民族の権利について主張する様子が，騒がしいと否定的に捉えられている可能性もある。

　風刺画には，汎インディアン主義を示す図像の一例として挙げた，円錐形のテントであるティピが描かれている。図中の先住民と見られる女性が黒髪を三つ編みにしているが，これは典型的なステレオタイプの1つである。図にはヤキの伝統文化を示すような要素が一切見られず，描いた人物がヤキ文化について知っているとは到底思えない。さらに，ティピも三つ編みも，先住民の一部にとっての伝統であるとはいえ，ヤキ文化のものではない。汎インディアン主義の広まりと，主流社会の人々による図像の利用は，あたかもヤキを含む諸先住民族の人々が自らの文化を失い，ステレオタイプ的かつ一元的な米国先住民に変化を遂げたかのような印象を与えてしまったのである。

6. ニューエイジ運動によるヤキ・イメージの創造

　上記のような，先住民らしい図像や表象を利用した偏見助長の一例は，ニューエイジ運動の一部として1960年代から70年代に米国で盛んになった。同時期に生じた様々な新興宗教やカルト的思想は，先住民らしさを自然と結びつけて崇拝した。それらは自然を重要視することから，「緑の宗教」と形容されることもあり[120]，ネオペイガニズム（復興異教主義）と呼ばれることもある。[121] なお，ネオペイガニズムという用語に侮蔑的な意味が含まれているという指摘もあるが，先住民とニューエイジの関係性について論じる先行研究にネオペイガニズムという用語の使用が見受けられるため[122]，本著でも便宜上用語を使用している。

　米国の宗教を研究するマククラウドによると，ネオペイガニズムは，様々な団体から成り，階層化されていないカルトである。ネオペイガニズムの信仰者は，キリスト教以外の価値観を通じて世界に隠された英知を理解しようとする。[123] キリスト教以外の価値観とは，先住民の文化の他には，仏教，ケルト文化，エジプト文化，ギリシャ文化などである。また，ネオペイガニズムの信仰者は，儀礼や集会，出版といった活動に重点を置き，雑多な宗教や文明，文化，思想から，様々な要素を取り出して使用する。[124]

　ネオペイガニズムの信仰者の中には，自然崇拝に基づいた先住民の精神世界と生活に強い関心を示し，それらを自らの生活に持ち込むことに加え，先住民の権利活動を支持することで，連帯感を示そうとする人々がいる。[125] また，ネオペイガニズムに限らず，ニューエイジに関わった様々な人々や団体が，米国先住民の儀礼や聖地を「借りる」ことにより，先住民の人々との間に軋轢を生み出したことも広く知られている。この点について，自身も先住民ラコタであるアメリカ研究者のP・デロリアは，西洋の宗教では，精神世界に関わる知識や宗教観を，他者も理解することができ，そういった知識や見解は伝達が可能であると考えるが，先住民の宗教ではそうでない場合が多いために，問題が生じると指摘している。[126]

その一例として，汎インディアン主義を表す図像として紹介した，メディスン・ホイールの使用を巡る争いが挙げられる。メディスン・ホイールは，先に述べたように，様々な先住民の文化において，本来は地面に描かれる儀礼の場である。ネオペイガニズムの信仰者やニューエイジへの参加者は，先住民のメディスン・ホイールに無断で立ち入って彼らの「儀礼」を行ったり，メディスン・ホイールを真似た模様を全米各地に描いたりした。そのような行為は，先住民の人々には，先住民文化を「盗んでいる」と解釈された。[127] 言い換えれば，この場合には，メディスン・ホイールとそれにまつわる歴史や宗教観全てではなく，地理的空間としてのメディスン・ホイールのみを利用した点が，問題となった。

しかしながら，先住民自身がネオペイガニズムの信仰者となり，問題を引き起こした例も報告されている。宗教学者のアルバニーズは，チペワのサン・ベアーという自称宗教家の事例を紹介している。サン・ベアーは，チペワの自然観を先住民でない人々とも共有するための活動と称して，全米の様々な場所で「メディスン・ホイールの集い」と名付けたキャンプを行った。キャンプ場には，先住民でない人々が集い，メディスン・ホイールを作ったり，自然に祈りを捧げたりした。[128] それ自体は悪いことではないが，アルバネーゼがこの事例における問題点として指摘したのは，サン・ベアーが独自の判断でチペワの宗教に関する情報を先住民でない人々に流したり，チペワの宗教観の一部を拡大解釈した自らの宗教を創り上げたりした点である。

カスタネダとH・バレンシアの著作を巡る議論

上記のような近代的な偏見や差別は文章を通じても行われ，ヤキの人々は，その影響を強く受けた。カルロス・カスタネダは，ヤキの呪術師とされるフアン・マトゥスとの交流と，彼の体験した呪術の世界を一連の著書にまとめ，1960年代から90年代にかけて発刊することで，世界的に名声を得た。さらにカスタネダは，1972年に発刊された3冊目の著書である『イクストランへの旅[129]』によって，カリフォルニア大学ロサンゼルス校人類学専攻より博士号を受けた。

カスタネダの著書が事実に基づいて書かれたものでないことは，現在では明らかになっていると言ってよいだろう。学術書[130]に加えて，多くの雑誌や新聞記事[131]，さらにはドン・フアンの本名であるフアン・マトゥスという名前の人物を親族として持った人物の証言[132]などによって，カスタネダの研究方法や，彼の記述したヤキについての記述に対する疑問が提示されている。カスタネダの描いたヤキの精神世界が，実際にはどのような情報に基づいて創造されたものであったのか，様々な説が存在する。その内，例えば人類学者のファイクスは，カスタネダの著書に現れるヤキ文化は，メキシコの先住民ウイチョルの人々のものであった可能性が高いと述べた。[133] そうした記述の危うさにもかかわらず，カスタネダの著作は大変多くの人々にヤキに対する関心を抱かせた。

　米国支配社会の人々のコメントやインターネット上の書評では，カスタネダの著作を，ヤキについての民族誌としてではなく，単なる小説や非西洋的精神一般についての書として読めば，何ら問題ないという意見も散見される。しかしながら，カスタネダの著作は，架空のものではなく，実際に存在する民族の名前を用いて，しかも学術調査に基づいた論文およびノン・フィクションとして発表された点に問題がある。1976 年のタイムス誌は，カスタネダの著作のような，「悟りを求める」ことを主題とした小説が，米国の若者に大変人気があることを指摘した上で，この著作が実際の記録に基づいて執筆された学術論文だとされたことを，問題視している。[134]

　ヤキの人々が直接彼らについての情報を発信することが容易になったり，ヤキについての研究が多面的に行われるようになったことによって，人々がカスタネダの著作の事実との整合性について疑問を抱くようになるまでには，数十年という長い時間がかかった。その間にカスタネダの著書を読んだ人々が，それらを事実として理解した場合も多く，ヤキの精神世界についての誤解を完全に解くことは，非常に難しくなってしまった。

　また，米国の代表的な作家の 1 人であるオーツは，米国社会における，典型的な「年老いた賢者(Old Wise Man)」のイメージについて述べており，そのような人物は，東洋か，「第三世界(the Third World)」からの人物，もしく

は長く抑圧されたアメリカ大陸の先住民の人々でなくてはならないと指摘する。[135] カスタネダの著作におけるドン・フアンはまさにこのステレオタイプの表出である。つまり，ドン・フアンの語る精神世界は，人々が禅やヨガにおいて探し求める，キリスト教的価値観の対極に位置する「『原始的』な英知("primitive" wisdom)」であり[136]，ヤキの精神世界を反映したものではない。

さらに，カスタネダの著作の「伝統」である，ヤキもしくは他の先住民の神秘化された姿は，他の著者にも引き継がれて行く。その代表的な例として，H・バレンシアの『夢の王妃(*Queen of Dreams*)』(邦訳未刊)が挙げられる。「夢の王妃」という題は，ヤキの文化とは関連していない。H・バレンシアは，ヤキが米国政府と先住民認定についての交渉を行った際の代表であった，アンセルモ・バレンシアの妻であり，1991年に「個人的神話(personal myth)」[137]を記したとする本書を発刊した。H・バレンシア自身はヤキではない。H・バレンシアの著書は，アンセルモ・バレンシアとのヤキ集落における彼女の生活が，自伝的に綴られたものである。本書は学術書ではないが，フィクションであるとも記されていない。2010年の時点において，H・バレンシアの著作はこの一冊のみである。

H・バレンシアが公式ウェブサイトにおいて公開している経歴によると，彼女は1945年に米国南部のミシシッピ州で，「先住民チェロキーの血を引いて」生まれた。1967年にカンザス大学ローレンス校においてデザイン学の修士号を修めている。2008年現在では，ウェブサイトを通じて自作の絵画を販売したり，夢占いやタロットのワークショップを開いたりしている。『夢の王妃』には，H・バレンシアの他にもう1人，ケントの名前が著者として挙げられている。ケントは東部で生まれ育ち，大学を卒業してからトゥーソンに移り住んだ。ケントの他の著作によると，彼は1980年よりトゥーソン市立図書館の作家協会の責任者で，地域の様々な教育機関や先住民の保留地において，詩の創作を指導した。[138] バレンシアが文筆業に携わる人物ではなく，ケントが詩人であることを考慮すると，この小説の草稿がバレンシアによって書かれ，ケントが小説としての体裁を整えた可能性が指

摘できる。現在公開されているH・バレンシアの公式サイトでは，著者として彼女の名前のみが挙がっている。この点から，H・バレンシアが文章を出版に耐え得るものとするためにケントを雇い，共著の形で出版した可能性も考えられる。

『夢の王妃』には，カスタネダの描いたヤキの世界に似たような，超現実的なヤキの精神文化が描かれている。例えば，人が宙に浮く場面[139]や，死んだ鳥がヤキの歌によって生き返る場面[140]が，文中に現れる。また，儀礼への参加者が「呪術師(magician)」[141]と呼ばれたり，ヤキの伝統文化の価値観である「花の世界(Flower World)」に関する儀礼がいわゆる「白魔術」として扱われ，それと相反する儀礼が「黒い花の世界(Dark Flower World)」[142]のものとして扱われたりする点も，ヤキのものだとされる文化を呪術と結びつけようとしたカスタネダの著作と類似している。その上，アンセルモ・バレンシアの存在そのものが，ヤキは地球全体の働きの重要な部分に関連しており，そのために多くの白人がヤキを訪れると話した[143]，とも記されている。

さらにこの小説からは，H・バレンシアがニューエイジ文化に傾倒している様子が見受けられる。文中には，教育心理学の教授でありながら，東洋の哲学や宗教に深い関心を抱いているエロルという人物とバレンシアが出会う場面[144]が描かれている。エロルは，禅，スーフィズム，クリシュナムルティ，占星術といった，ニューエイジの時代に好まれた思想を，バレンシアに教えた[145]という。さらに，H・バレンシアは，エロルからカスタネダの著書を受け取り，それによって初めてヤキについて知った[146]と書いている。これらの様子からは，H・バレンシアがカスタネダに代表されるニューエイジ的な視点からヤキ文化を捉えている，もしくはニューエイジの時代に創出された架空のヤキ像を事実として受け入れていることが考えられる。

しかし，『夢の王妃』には，ヤキの歴史や神話に留まらず，アンセルモ・バレンシアがヤキの先住民認定の為に奔走する様子[147]も記されており，全くの贋作でないことも確かである。それでは，この著作はどのように理解でき，この著作が出版された事実はどのように解釈することができるだろうか。

結論から述べると，この小説は，キリスト教的価値観の支配する社会に属していたH・バレンシアが，先に述べたような「年老いた賢者」としてのアンセルモ・バレンシアと出会い，「悟りを求める旅」としての結婚生活を送り，「『原始的』な英知」としてのヤキ文化と出会う物語であると理解できる。つまり，本小説の主題と執筆の目的は，カスタネダの著作のそれらと極めて類似している。

　パスクア・ヤキ政府やヤキの人々は，この小説についての見解を発表していない。さらに，この小説はカスタネダの著作と異なって多くの読者を獲得したわけではなかったので，一般の書評や，学術的な書評もなされておらず，発売当初にどのような反響があったのか，現在ではうかがい知ることが難しい。しかし，著書の反響はともあれ，現在もH・バレンシアは，『夢の王妃』を著した当時と同様に，ヤキの人々が超人的な能力を備えた特別な人々であると信じて，講演や創作活動を行っている。2000年に発刊されたニューエイジ運動に参加する人々向けの雑誌におけるインタビューにも，メキシコでのヤキの迫害時に，小屋に閉じ込められて火を付けられたヤキの人々が，鼠に変身して逃げたという逸話[148]が記されている。カスタネダの著作には，ヤキが黒い犬などの動物に変身する場面があり，この逸話を連想させる。また，そのインタビューにおいてH・バレンシアは，ヤキの特別な能力は，ヤキの母親から子供へ，母乳を通じて伝えられる[149]，と述べた。この逸話に示されたような考え方は，仮に精神世界についての比喩であったとしても，ヤキの文化のものとしては，少なくとも学術書においては紹介されていない。

　そして，仮にこの発言がヤキの精神世界において事実だとしても，H・バレンシアがそれを雑誌の記事において公開してよいのか，という問題がある。彼女の夫であるアンセルモ・バレンシアは，ヤキの政治活動や儀礼において重要な役割を果たし，彼が亡くなった後の現在でも彼を尊敬するヤキの人々は大変多く見受けられる。例えば2003年にパスクア・ヤキ集落に完成した屋外劇場も，彼の功績をたたえて「アンセルモ・バレンシア劇場」と名付けられた。H・バレンシア自身がそうした役割を果たしたわけではないのに，

ヤキの伝統文化や精神世界の極めて繊細な部分について，彼女が他のヤキの同意を得ずに公の場で語ることには，問題が生じないのであろうか。

また，『夢の王妃』においては，H・バレンシアが主人公であり，ヤキの人々は彼女に知識を授ける存在であった。しかし2000年のインタビューにおいて，彼女は「私たち(we)」という主語でもってヤキの人々や文化を語っている。つまり，小説において彼女は外側からヤキ文化を語ったが，9年後のインタビューにおいては，ヤキ文化を内側から語っている。このように，H・バレンシアの著作と活動は，事実としての信頼性に疑問が残るのみでなく，外部の人間によるヤキ文化や精神世界の扱いに関する問題点を露呈する。

H・バレンシアがアンセルモ・バレンシアと結婚したことによって，彼女が語るヤキの物語は，少なくとも民族外部の人々にとっては「小説」ではなく「エスノグラフィー」や「ライフヒストリー」として響く。仮にH・バレンシアの著作や活動が，カスタネダの著作のようなニューエイジにおけるヤキ像を取り入れたものであったとしたら，彼女はヤキについての偏見と誤解の再生産に加担している。それは，ヤキに近い立場であるがゆえに，全くの部外者であったカスタネダよりもより強い力でもって，ヤキについての偏見や誤解の生産に携わるのではなかろうか。さらに，このような事例は，民族の「内部」と「外部」の人々の間の線引きや，そのような人々の間の関係性を議論するにあたって生じる課題の一部を示しているように見える。

おわりに

このように，米国に入国後，ヤキの人々は米国の人々と共に労働し，彼らの近くに居住することを通じて米国社会に浸透していった。それは法的にトライブという地位を得る結果にもつながったが，他の米国先住民族と同様に，偏見を含んだイメージを持って理解されることをも意味した。1978年のパスクア・ヤキ・トライブ認定から30年近く経った現在に彼らがどのような暮らしをしているのかについては，次章で詳しく述べることとする。

1) 記事に基づく著者注。しかし，キャスタイル(Castile 2002: 387)によると，移民第一

波は，当時のヤキ人口の 60%，すなわち 1000 人程度が越境したと言われる 1900 年から 1910 年，第二波は 1916 年から 1917 年である。

2) *Arizona Daily Star*. November 12, 1962.
3) *Chicago Daily Tribune*. September 14, 1926. *Los Angeles Times*. September 14, 1926.
4) *Los Angeles Times*. January 30, 1970.
5) Sonnichen 1982: 205-207.
6) ibid: 240.
7) Reisler 1976: 241.
8) ibid: 243.
9) Shumway 1995: 199.
10) Collins 1999: 237.
11) Knack 1996: 14.
12) Ibid: 3.
13) *Arizona Daily Star*. June 5, 1931.
14) *Arizona Daily Star*. September 22; *Arizona Daily Star*. September 23, 1931.
15) Albers 1996: 252.
16) ibid: 254.
17) Savala 1980: 6-7.
18) ibid: 6-7.
19) ibid: 7.
20) ibid: 5.
21) ibid: 118.
22) Moisés 1971: 80.
23) Peters 1996: 177-197.
24) ibid: 181-182.
25) Employment Security Commission of Arizona, Arizona State Employment Service 1963: 9.
26) ibid: 20.
27) ibid: 34.
28) 88th 2nd (b) 1964: 5.
29) LeSeur 2000: 18.
30) ibid: 13-22.
31) ibid: 32.
32) ibid: 28.
33) ibid: 29.
34) Marana, Arizona Criminal Damage (193 Incidents) January 1-June 30, 2010 by

Town of Marana, Arizona. 〈http://www.marana.com/DocumentView.aspx?DID=4100〉(2011 年 5 月 16 日閲覧。)
35) Briggs 1984: 189.
36) Immigrant Policy Project 1994: 8.
37) 95th 1st sess. 1977: 6.
38) Miller, W 1996: 90-91.
39) King 2000: 295.
40) Briggs 1984: 187.
41) 明石 1984: 144。富田 2000: 173 には 2%と記述されている。識字テストの導入が提案されたのは 1910 年で，その理由は宗教的な理由でイギリスから米国に渡ったピルグリム・ファーザーズ以降に，主に経済的理由で世界各地から渡米した移民の人々(新移民)の人種的道徳的劣等性をデータから証明するためであったという(富田 2000: 172，明石 1984: 74-75)。1910 年は，ちょうどメキシコのヤキの米国入国数がピークに達する頃であった。
42) ibid: 145.
43) Briggs 1984: 189.
44) ゴンザレス 2003: 261.
45) 95th 1st sess. 1977: 6.
46) King 2000: 298.
47) 第 1 回ブラセロ計画は 1942 年から 1951 年，続く第 2 回ブラセロ計画が 1952 年から 1964 年に実行された。ブラセロ(bracero)とは，スペイン語で「助ける手」を意味する(明石 1984: 167)。
48) Miller, W 1996: 28-32.
49) Briggs 1984: 190.
50) 明石 1984: 156.
51) Aleinikoff 2003: 832.
52) Briggs 1984: 191.
53) Aleinikoff 2003: 161.
54) ibid: 190.
55) Miller, W 1996: 84.
56) ibid: 85.
57) Briggs 1984: 192-193.
58) ibid: 194.
59) ibid: 94-95.
60) Briggs 1984: 169.
61) Zucker 1983: 173.

62) Parman 1994: 149.
63) Immigrant Policy Project 1994: 8.
64) 95th 1st sess. 1977: 6.
65) Post 1927: 304.
66) *The Yaqui with Us*. 1909-1926: n. pag.
67) ibid.
68) *Arizona Daily Star*. April 18, 1942.
69) *The Ceremonial Dances of the Yaqui Indians Near Tucson, Arizona*, Phoebe M. Bogan Manuscripts, 1909-1926.
70) パスクア・ヤキ協会からの手紙 1960 年代。
71) Trimble 1977: 40.
72) Josephy 1971: 18.
73) ibid: 42.
74) 筆者の聞き取りによる。
75) "Sacheen Littlefeather" 〈http://www.sacheenlittlefeather.net/pages/1/index.htm〉 (2011 年 5 月 13 日閲覧。)
76) Jones 1992: 265.
77) *Tucson Daily Citizen*. July 23, 1955.
78) 88th 2nd (b) 1964: 2.
79) Spicer 1980: 255.
80) ibid: 256.
81) *Arizona Daily Star*. September 26, 1975.
82) 95th 1st sess. 1977: 7-8.
83) 88th 1st sess. 1963: 3.
84) *The Teaching of Don Juan: A Yaqui way of knowledge*.
85) *Arizona Daily Star*. March 6, 1970.
86) Carson 2004: 203-208.
87) ibid: 203.
88) ibid: 14-17.
89) Singer Sochet 2005: 36.
90) Spicer 1980: 262.
91) Townsend 1952: 312.
92) ibid: 33-34.
93) Spicer 1980: 276.
94) ibid: 280.
95) ゴンザレス 2003: 209 では，先住民の共有地と表現されている。

第 4 章　難民労働者から米国先住民へ　145

96) Freebairn 1969: 36.
97) Spicer 1980: 280.
98) ibid: 64.
99) Painter 1986: xii.
100) Hernández Navarro 2007: 94.
101) Spicer 1980: 280-283, 岡田 2001.
102) Jenkins 2004: 94.
103) ibid: 145-146.
104) ibid: 247-249.
105) 内田 2008: 109-134.
106) Hertzberg 1972: 18.
107) Browner 2002: 27-28.
108) *What is Pow-Wow?*
109) Browner 2002: 1.
110) 阿部 2005: 225.
111) Browner 2002: 19.
112) ibid: 31.
113) ibid: 104.
114) Lusty 2001: n. pag.
115) Jenkins 2004: 187.
116) Villaseñor 1983: 42-43.
117) U. S. Department of the Interior, Indian Arts and Crafts Board 1973: 7.
118) Mattern 1999: 129.
119) 著者の現地調査による。
120) Taylor, B 2006: 174; Wernitznig 2003: 75-80.
121) Jenkins 2004: 79, 176-179, 248-249.
122) ibid: 79, 176-179, 248-249; Wernitznig 2003: 32-33.
123) McCloud 2006: 237.
124) ibid: 238-239.
125) Taylor 2006: 177.
126) Deloria 1998: 171.
127) Szasz 2000: 168-169.
128) Albanese 1990: 155-163.
129) *Journey to Ixtlan.*
130) De Mille 1976, 1980; Fikes 1993; Noel 1976 など。
131) *Times Magazine.* 1976; *Los Angeles Times.* February 6, 1977; *Chicago Tribune.*

May 19, 1974; *New York Times*. September 16, 2003.
132) Duarte 2001.
133) Fikes 1993: 49-126.
134) *Times Magazine*. 1976: 94.
135) Oates 1976: 127.
136) ibid: 126.
137) H・バレンシアの公式ウェブサイト〈http://www.queenofdreams.com〉による（2008年7月10日閲覧。）
138) Kent 1985: n. pag.
139) Valencia 1991: 13.
140) ibid: 271.
141) ibid: 187 et. al.
142) ibid: 231 et. al.
143) ibid: 146.
144) ibid: 54-55.
145) ibid: 55.
146) ibid: 55.
147) ibid: 234. アンセルモ・バレンシアは，1998年5月に逝去した。
148) Whilden 2000: 79.
149) ibid: 78.

第 5 章　先住民認定後のパスクア・ヤキ社会

　筆者がパスクア・ヤキ保留地を訪ね始めた 2003 年からの 7 年余りを思い返してみても，パスクア・ヤキ・トライブは経済的にも大きく成長し，集落は拡大の一途をたどっている。さらに，トライブ政府の組織も年々整備が進み，トライブとしての活動も活発になってきている。集団としてのトライブやトライブの一部を構成する集落のみならず，個人のレベルでも活動の活発化は見受けられる。加えて，研究者とトライブの関係性にも変化が見られる。本章ではこれらの点について，現地調査や資料を通じて得られた資料を基に論じたい。

1. 保留地を基盤としたトライブ運営と現在の暮らし

　現在，パスクア・ヤキの人々は，米国内務省によってトゥーソン市に与えられた保留地，およびトライブとして独自に獲得した土地を中心にトライブの経済や社会を運営し，文化や伝統の維持を図っている。トライブの運営を規定するのは，パスクア・ヤキ・トライブ憲法(付録1)である。トライブ憲法に基づいて，トライブ政府には，トライブ長，副トライブ長，秘書，会計係，7人のトライブ評議員の計 11 人によって構成されるトライブ評議会が設立され，トライブに関する事項を決定している。これまでにも述べてきた通り，トライブという概念は極めて近年になって米国政府によって導入されたものであり，現在でも米国のヤキ集落の中にはヤキの社会や宗教に基づいた様々な組織も同時に存在する。

トライブ政府は，(1)司法部，(2)構成員登録部，(3)教育部，(4)経済開発部(5)施設管理部，(6)助成金および契約部，(7)健康サービス部，(8)内部監査部，(9)情報技術部，(10)土地使用部，(11)調達部，(12)警察部，(13)検事部，(14)弁護部，(15)ラジオ部，(16)トライブ雇用権部，(17)文化や言語を担当する部局の計17部局によって構成されている。さらに，トライブは2つのカジノと屋外劇場，ガソリンスタンドなどを経営し，収益をトライブ構成員の福利厚生や保留地および集落の整備，教育などに充てる。他に，トライブはウェブサイトやラジオ局，新聞を持ち，独自のニュースや考えを発信している。

　ヤキの保留地は比較的狭いために，その内に居住しているヤキの人々の数はそれほど多くなく，多くの人が周辺の一般の住宅街や他の都市に住んでいる。しかし，儀礼の時期になると多くの人々が親族をたどって保留地を訪れる。これまでの部分で述べたトゥマカコリ宣教村跡の国立歴史公園の中や周囲に住むヤキの人々はおらず，そこに位置する教会も頻繁には使われていないが，年に数回は特別な儀礼やイベントが行われている。また，定期的に同国立歴史公園内で伝統的な食事や工芸品を実演販売する催し物も，国立公園の企画によって行われている。つまり，現在の保留地がヤキの人々のものになったのは比較的近年であるが，ヤキの文化や社会はすでにトゥーソンに根ざしているといえる。

　ヤキの人々の社会には，ラテンアメリカでよく見られるコンパドラスゴ (代父母制)，すなわちカトリック教義に基づく擬制親族関係が現在も重視されている。代父母はヤキ以外の人々であることも少なくない。そして，ヤキの人々は実際の家族やコンパドラスゴ制の人間関係によってつながっている。現在ヤキ語を母語とする人々はほとんどおらず，人々は英語や時にはスペイン語を使用している。ただしヤキ語は，保留地や集落の通りの名前やペットの名前といった，身近な場所に単語単位では使われている。そして，民族立の高校では外国語として学ぶことができる。例えば，小学校低学年位の子供が，クレヨンで画用紙にヤキの伝統的仮面を描き，それを被って踊り手の仕草を真似る遊びをするなど，例え母語として話す言葉が違ったとしても，ヤキの文化は人々の暮らしのすぐ傍に存在する。

前に，メキシコと米国のヤキの文化は同じものであると書いたが，その一部は米国のヤキ独自のものである。その代表が，米国先住民認定がなされた9月18日を祝う儀礼やイベントであろう。1978年以降，同日は「パスクア・ヤキ米国先住民認定記念日」として祝われてきた。同日を含む期間には，野球を中心としたスポーツ大会，ダンスホールでの催し物，絵画展，伝統的儀礼の一部，マラソン大会，コンサートなど，伝統，非伝統の枠を超えた様々な企画が行われる。その様子からは，パスクア・ヤキの人々が，米国先住民認定という出来事を喜ばしいものとして認識していることが分かる。

しかしながら，米国におけるヤキの生活が順風満帆なわけではない。ヤキを含む先住民の人々に対する人種差別は，就学，就労を始めとし，日常生活の中でも未だに存在する。そして，非先住民を主流とする米国社会で成功することが民族への裏切りになると考え，高等教育を受けたり，よりよい職を得る機会をためらったりする人々も見受けられる。ヤキの保留地や集落自体が荒廃しているとはいえないものの，非雇用率，低収入，学校からの中退，麻薬やアルコールの問題，自殺率などは，ヤキを含む米国の先住民社会全体として，米国主流社会の人々より深刻である。例えば，米国政府のインディアン健康局によるデータでは，米国先住民の自殺率は非先住民の1.7倍で，15歳から24歳に年齢を限ると3.5倍にもなる。[1] 同じくアルコール依存症および結核は非先住民と比較して6倍以上であり，糖尿病も2.8倍であると報告されている。[2] さらに，米国先住民女性で生涯の内に性的暴力の被害者となる人数は，総数の3分の1に上るという。[3]

ヤキの人々による史跡登録への申請

それでもなお，パスクア・ヤキの人々は，保留地や集落に特別な愛着を抱いている。現在の保留地であるニュー・パスクア集落建設前に多くのヤキの人々が居住したオールド・パスクア集落には，現在も多くのヤキの人々が生活している。オールド・パスクアで育ち，現在はこの集落の外で生活する人々も，儀礼の時期になると集落に戻ってくる。そのため，儀礼の時期はどの家も短期間滞在する家族や親戚で混み合う。オールド・パスクアの中心で

図 5-1 オールド・パスクア の集会場に飾られた史跡認定を示す標識
(2010 年 5 月著者撮影,ニューパスクア集落の人々のご厚意によって掲載。)

あるのが,サン・イグナシオ・デ・ロヨラ[4]教会前の広場である。儀礼は広場を使って行われるし,儀礼がない時には子供達の遊び場や,人々の憩いの場となる。儀礼に関連しない地域の集会も,広場の片隅に建てられた集会所で開かれる。集会所の中には,同広場が「歴史的な場所」として米国内務省の登録されたことが,薄いプラスチックで覆われた紙で作られた標識によって示されている(図 5-1)。

オールド・パスクア集落の教会前の広場は,記録上では 1921 年に建設された。そして広場は,2004 年に「オールド・パスクア文化広場」として米国の国家歴史登録財に登録された。[5] 内務省国立公園サービスに保管された申請書によると,この広場の建物,即ちヤキの教会は「19 世紀終わりから 20 世紀にたてられたスペインのコロニアル様式の再現」とある。また,この広場は「宗教,歴史,教育,米国先住民としての民族的遺産」の面で地域にとって有益であり,保存に値すると申請書に記載されている。

申請書には,国家歴史登録財認定の申請にあたって「パスクア・センター国立史跡申請委員会」と申請書作成者が 2003 年 6 月 25 日と 2003 年 10 月 8 日に会議を開き,必要な情報が収集された,と記されている。[6] 2003 年は,パスクア・ヤキ認定から 25 周年に当たり,様々な催し物が企画された年である。おそらくその一環としてオールド・パスクア広場の国家歴史登録財申

請が計画されたのであろう。一方で，ヤキの人々自身が米国において自らが築いた遺産が米国全体にとっても重要なものであり，米国先住民の民族的遺産として登録されるにふさわしいと考えるようになったことも確かであろう。

上のような動きは，現在までにヤキの人々が自らを「難民」としてではなく「米国の先住民」としての認識を強め，自らの文化や歴史が尊重されるに値するものであると考えるようになったことを示している。現在のオールド・パスクアは，ヤキの文化や社会が息づき，国家に認定された文化財であり，集落がそのように認識されるべく国家に働きかけたのは，オールド・パスクアに居住する人々自身なのである。保留地や，他の集落においても，パスクア・ヤキの人々は同様にコミュニティとしての共同意識を持ち，自らの集落を誇らしく思っている。

2. 誰がパスクア・ヤキに属するのか──個人認定と語りを巡って

ヤキの人々自らが公の場で自らのエスニシティについて語る状況も，近年ではたびたび目にするようになった。前述したように，パスクア・ヤキ・トライブ政府開設のウェブサイトやラジオ局は，地域の話題や音楽を主に保留地や集落内に限らず世界に向けてに英語とヤキ語で発信している。

ヤキとして公の場で自らを語る個人も増加する傾向にある。テキサス州に居住するイズ・ラミレスは，2009 年に絵本『トカゲのボブ（*Bob the Lizard*）』を刊行した。主人公のボブは，ヤキの精神世界の 1 つである「魔法の世界（Enchanted World）」に住んでいる小さな茶色のトカゲで，ある日友達を探しに砂漠に旅に出る。そしてボブは，体の色を自由に変えることができ，旅の途中で，体の色を青や赤，黄色などの色に変え，彼が特別なトカゲであることを示そうとする。旅を通じて，ボブはハチドリなど，ヤキの文化の中で重要な動物や植物と出会う。そして旅の終わりには，ボブは，たとえありがちな茶色のトカゲであってもなお，彼は特別なトカゲであることに気づき，体の色を変えるのを止める。ボブの旅と心境の変化は，自らのエスニシティに関するラミレスの家族の経験と共通しているようにも見受けられる。

152

図 5-2 『トカゲのボブ』
Iz Ramirez. *Bob the Lizard*. Publish America Inc., 2009. Courtesy of Iz Ramirez.

　ラミレスが保管している 1910 年代の写真には，次のようなメモが付されている。「この写真はテキサス州ラボックで 1913 年に撮影された。写真の中の人物へスアサ，サラ，ベントゥラ。へスアサはテキサス南部，国境に接する町であるプレシディオで生まれたヤキ・インディアンで，サラは彼女の娘である。彼女の夫であるベントゥラは，メキシコのサカテカス州出身。我々は，彼らの子孫である。」パスクア・ヤキの米国先住民認定は米国に居住する多くのヤキに恩恵をもたらしたが，テキサスに居住するヤキはパスクア・ヤキ政府への登録が許可されず，長くその恩恵を受けることができなかった。その背景には様々な理由が存在するが，長く研究者がメキシコからアリゾナへの移民以外のヤキの人々に目を向けなかったことも大きな要因として指摘できよう。なぜなら，米国先住民認定を受けることのできる人々は祖先が長く居住していた土地に住んでいなくてはならず[7]，多くの場合その土地に住んでいたという証明は，研究書における記載に依存するからである。
　そして，ヤキの人々自身もアリゾナ以外に居住するヤキについて公の場で発言してこなかった。例えば 1977 年に米国上院インディアン問題特別委員

会で開かれた公聴会では，議長の上院議員によって，ヤキの歴史が以下のように説明された。「1880 年から 1910 年にかけて，何千人ものヤキがメキシコの領主や政府から逃げるためにメキシコを脱出し，米国へやってきた。彼らは米国で政治難民として受け入れられ，アリゾナ準州において庇護を与えられた。」[8) しかしながら，アリゾナのヤキの人々は，テキサスなど他の米国の州に居住するヤキについて全く知らなかったわけではないようにも思われる。米国の政府に民族の歴史を説明するにあたって使用する歴史的資料について，スペインの支配を受けた米国南西部のものは，イギリスの支配を受けた米国東部のものとは異なる。そして，米国政府は米国東部のものを基準と考えるために，ヤキの人々は歴史的資料の使用を諦め，他に示された方法の 1 つであった，トゥーソンにおけるヤキの儀礼への参加によって人々のトライブへの帰属を証明することになった。[9) 結果として，米国のヤキの人々は，民族全体の認定を勝ち取るために，一部のヤキの人々を疎外しなくてはならなかった。

　社会的に米国のヤキとして扱われなかったテキサスのヤキの人々は，米国主流社会の一部となり切ることもできず，まるで体の色を変えるトカゲのボブのように，周囲の顔色を常にうかがい，自らの民族的アイデンティティを隠しながら生活してきた。

　ラミレスの家族に伝えられてきた情報によると，彼らの祖先は，メキシコ北部の宣教村のアコンチとマグダレナに居住していたヤキで，後に他の宣教村であったバビアコラのヤキと合流し，1840 年頃に移動を始めた。このヤキの集団は 35 人から 50 人ほどであったという。バビアコラを離れたヤキの集団は東へ進み，1845 年から 1850 年の間にチワワ州に入った。そして，1853 年から 1867 年までチワワ州ヒメネスに滞在した。そして，チワワ州オヒナガを通り，1867 年にテキサス州プレシディオに到着した。1910 年に彼らはテキサス州ロレンソへ，そしてラボックへと移動した。[10) さらに，集団は途中で分派し，一部がニューメキシコ州へ向かった。

　テキサスに生まれたラミレスは，メキシコ系米国人ではなく米国先住民として生きたいと願い，パウワウの踊り手として汎米国先住民文化の活動に参

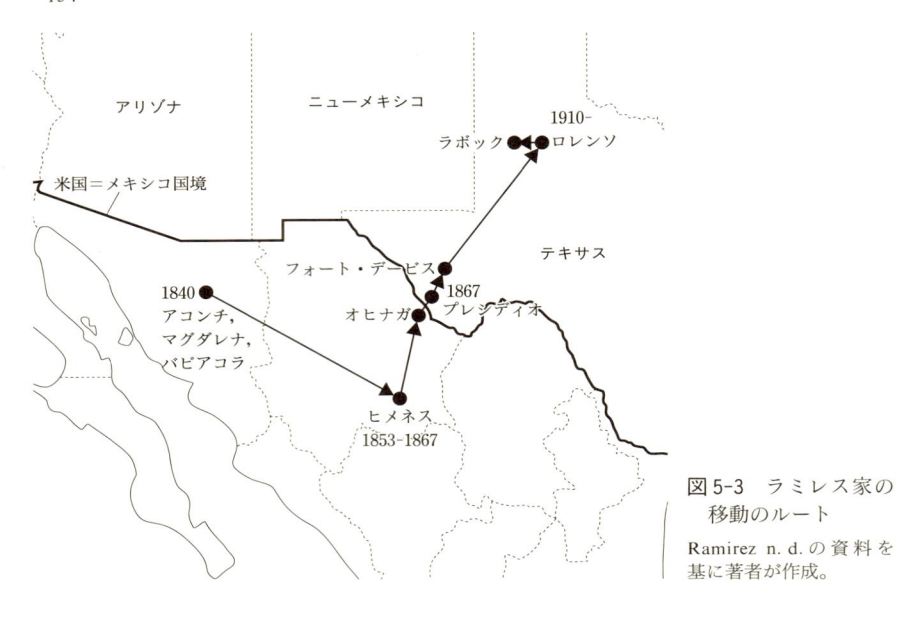

図5-3 ラミレス家の移動のルート
Ramirez n. d. の資料を基に著者が作成。

加するようになった。ヤキの踊りや装束はパウワウで披露されるものではないため、ラミレスが踊るのは他の米国先住民であるカイオワの人々のものである。昔、ヤキとして生まれ、子供の時にコマンチに捕えられ、後にカイオワと共に暮らすようになったロングホーンという人物の存在がカイオワの人々の間に語り継がれている。[11] ラミレスは、カイオワの衣装をまとってパウワウで踊ることで、ロングホーンに自らを重ね合わせているそうである。

　近年になって、ラミレスの保管していた資料と、パスクア・ヤキ政府が管理している資料が照合され、ラミレスの祖先がヤキであることが確認された。ラミレスはテキサスにおけるヤキの団体であるテキサス・バンド・オブ・ヤキ・インディアンを立ち上げ、ウェブサイト[12]によって情報を公開することにより、テキサスに住む他のヤキの人々を結びつける活動を行っている。ラミレスのパスクア・ヤキ政府への登録については、現在トライブ政府が検討を重ねている。一方で、ラミレスは、パスクア・ヤキのミスコンテストに使用される王冠やペンダントを製作するなど、すでにパスクア・ヤキの社会

と関わりを持って活動をするようになった。パスクア・ヤキ・トライブ政府構成員登録部によると，2010年5月時点でヤキであることを証明する書類を全米からトライブ政府に送り，ラミレスと同様にパスクア・ヤキとして登録されることを待っている人々の数は約8000人に上るという。[13] 多くのヤキの個人が自らの家族の辿った歴史を語り，ヤキの歴史や社会の多様性が明らかになるまでには，まだ時間が掛かりそうである。

　しかしながら，ラミレスのような人々の一部は，米国政府の定める法律によって，限られた範囲内でありながらも，社会保障などの恩恵を受けることができる。その制度が，先述した「度合い証明書」の発行である。さらに，一部の州政府は連邦政府とは別途州としての先住民認定制度を設けている。現在テキサスには州認定のトライブは存在しないが，全米で10州にわたる25のトライブが州からの認定を受けている。とりあえず度合い証明書を手にしたラミレスの現在の目標は，集団としてテキサス州からの州認定を受けることであるそうだ。[14] 無論それが達成された時には，米国政府からの先住民認定を目指すことも考えられるであろう。歴史的に一時は自らのアイデンティティを隠しながら生活していたヤキの人々も，現在ではこのように自発的に先住民として認められるべく活動を重ねている。

3. パスクア・ヤキと米国の人々の関係性

　メキシコからのヤキが多く米国に流入してから100年ほど，米国先住民認定から30年ほどを経た現在，パスクア・ヤキの人々は米国の他の人々とどのような関わり合いを持って暮らしているだろうか。
　パスクア・ヤキ保留地を始めとして，現在も市内の数カ所に点在しているヤキ集落には，ヤキ以外の人々もたびたび訪れる。その中には民族が経営するカジノや劇場を利用する人々もいれば，トライブ政府によって雇用されているヤキ以外の労働者，さらにはヤキの儀礼を観にやってくる観光客もいる。また，周囲には砂漠地帯が広がっている保留地の周囲にも年々開発の波が及び，保留地の近くの新興住宅地に住むヤキ以外の人々も増加の傾向にある。

米国主流社会が観光産業の主導を握った1920年代，30年代とは異なって，現在は儀礼を目的とした観光については，パスクア・ヤキ・トライブ政府がある程度の決まりを定めることができるようになった。例えば，儀礼においては写真撮影(携帯電話のカメラを含む)，ビデオ撮影，携帯電話の使用，儀礼の様子のスケッチが厳しく取り締まられている。トライブ政府の警察は常に儀礼の場を巡回し，カメラ，ビデオカメラ，携帯電話は没収される。ヤキ以外の人々からはいささか厳しすぎるという声も聞かれるが，自らの文化を保護し，儀礼に関わる様々な要素が誤解と共に広まり，民族への偏見が助長されないようにするためには，このような規制が必要なのである。

　一方で，ヤキの人々は自らの文化が正しい方法で米国の人々に理解されることを望んでもいる。アリゾナ州立博物館にはヤキの儀礼の場が本物さながらの蠟人形を使って再現されており，特別な許可を得て撮影された鹿の踊りのビデオを観たり，本物の仮面を手に取って鑑賞したりすることもできる。この展示の企画にはヤキの人々も関わっており，観光客とヤキの人々の両方に好評である。また，保留地の中には，小さいながらもヤキの人々による非営利財団であるヨエメン・テキア財団が運営する博物館が存在する。保留地には，民族に関する資料や文献を保管する図書館兼資料館も開館した。さらに，ヤキの集落や保留地以外の場所で活躍する工芸家や芸術家も現れ始めた。ヤキの社会の中で，例えばトライブ政府の職員として活躍したり，友人として長く付き合っているヤキ以外の人々は，ヤキの子供の代父母となったり，儀礼の役割を担ったりすることもある。

　しかしながら，米国内において，差別や偏見に直面するヤキの人々も少なくない。2010年7月にトゥマカコリ国立歴史公園を訪れていた米国とメキシコのヤキの人々は，同公園に程近いレストランを訪れた。彼らは伝統衣装を着て，食事が届くまでの間ヤキ語とスペイン語で話をしていた模様である。しかし，彼らは店員と客から「汚いメキシコ人」と罵られ，レストランを出ざるをえなかった。さらに，店員は彼らが不法移民であることを疑って，米国のヤキの人物が所有し運転していた車のナンバーを控えたという。[15] アリゾナでは近年不法移民排除の動きに伴いメキシコ系米国人への風当たりが

強くなってきており，それはヤキの人々を含む米国先住民の人々へも波及している。ヤキの人々は先住民でなく，メキシコ系の移民と間違われやすいことから，彼らに対する差別や偏見が政治的な動きに伴って助長される可能性も否定できない。

近年のパスクア・ヤキと法律——強化カードとSB1070

そのような状況の中でも，パスクア・ヤキの集団としての権利回復は着実に進められている。例えば，2009年5月には，パスクア・ヤキ・トライブ越境権強化カード（以下強化カード）の発行が始まった。[16] 同カードは，米国政府国土安全保障省の依頼を受けてパスクア・ヤキ政府が発行するものであり，このカードの携帯によって，米国政府のパスポートがなくても米国・メキシコ間の国境を越える移動が可能となった。ちなみに，同時多発テロ以前は米国からメキシコへの入国にはパスポートが必要とされなかった。しかし，同テロ以降，米国・メキシコ間の越境が難しくなり，儀礼時のメキシコおよび米国ヤキ集落間の人と物資の輸送などに支障が生じていた。そのような状況の中で，強化カードの発行によって，よりスムーズな越境が可能となった。

しかし，パスクア・ヤキを含む先住民が受ける特権を，逆差別的だとみなす動きもある。特にアリゾナ州では，近年主流社会以外の人々に対して不利な法律の採択が相次いでいる。トゥーソン市では，2009年6月に，公立の学校においてエスニック・スタディーズを教えることを禁止する法律が可決された。[17] この法律においては，先住民に対する民族教育は廃止の対象とならず，主にメキシコ系米国人やアフリカ系米国人に関する教育プログラムが対象とされたものの，先住民への影響も否定できない。そして翌年には，アリゾナ移民法改正案（SB1070）が可決され，施行された。同新移民法では，より厳しくメキシコ系米国人の入国や就労が規制された。また，不法移民を車に乗せるなど，同法が非合法と認める方法で入国した人々に協力する米国市民も罰則の対象となっている。[18] このような一連の動きは，現在合法的に米国に居住したり，メキシコとの間を往復したりしているパスクア・ヤキの人々に直接影響が及ぶものではない。しかしながら，アリゾナ州における

民族的少数者に対する排他性の高まりを反映している可能性が指摘できる。

実際，アリゾナ移民法改正案の施行と前後して，パスクア・ヤキ集落内で1930年代から運営されていた学校である，リッチー小学校が，トゥーソン教育委員会によって閉鎖された。市は閉鎖の理由に運営資金の不足を挙げたが，パスクア・ヤキ・トライブ内外の市民から反対の声が上がった。その理由として，(1)パスクア・ヤキ・トライブ政府が学校運営の資金提供を申し出ていた点[19]，(2)児童の集団での転校に多額の費用が掛かる点，(3)転校先に指定された学校がメキシコ系米国人向けの英語・スペイン語バイリンガル教育プログラムの特別教育を行う学校である点，(4)転校先の学校がすでに児童で過密状態である点[20]，(5)未だに経済的に困窮しているヤキの人々は多く，集落外の学校に通う交通手段がない点，(6)リッチー小学校にはヤキ以外の米国先住民児童で他の公立校になじめなかった児童も通学しており，児童が他校での先住民に対するいじめを懸念している点[21]，などが挙げられた。これらの懸念にもかかわらず，リッチー小学校を閉校し，ヤキや他の先住民児童を他の学校に通わせる決定の背景には，民族的少数者の排除という問題が存在するようにも見受けられる。

4. パスクア・ヤキと，パスクア・ヤキ研究の展望

付録2に示されたパスクア・ヤキ・トライブ憲法は，現在改訂が進んでおり，付録3に示された憲法改正案にはトライブへの研究者の受け入れに関する規定が明記されている。

パスクア・ヤキ・トライブの組織整備は，少なくとも筆者が調査地を初めて訪れた2003年から急速に進んでいる。現在，トライブ内および関連組織として(1)トライブ内文化・言語部，(2)トライブに関連する非営利団体であるヨエメン・テキア財団，(3)トライブ内フェルナンド・エスカレンテ博士記念図書館兼資料センター(以下図書館)の3つが，パスクア・ヤキの歴史，文化，社会に関する資料収集を行っている。文化・言語部はヤキ語教室やヤキ料理教室の開催，ヨエメン・テキア財団は博物館の運営とその拡大を目指した活

動，図書館は一般の図書から民族に深く関連する資料の提供，といったように，これらの団体の活動にはそれぞれ特徴があり，住み分けが行われている。これらの中でも図書館には，パスクア・ヤキの人々が自らの祖先を探したり，歴史，文化や言語を学んだりするための資料が備えられ，徐々に規模が拡大している。さらに，トライブの人々が高等教育を受けられるように奨学金が整備され，大学や大学院に進学するトライブ構成員も増加している。

そして，トライブの中には，パスクア・ヤキに関する調査や研究を自らで管理しようとする動きが見られる。2008年に作成された「パスクア・ヤキ・トライブ憲法(改正中)取締規則第7部：研究」(付録3)は，そのような流れを強く反映している。本規則によれば，生物学的調査の他にも，言語や民族誌を含むいわば人文社会学的研究についても，その実行についてトライブによる研究計画書の審査を受けなくては調査，研究が開始できない。その上，結果が短期的なスパンでトライブに還元できる研究が望まれている。また，研究資金を提供する団体に関しても審査がある上，研究への参加者に謝金が支払われることも望まれている。(ちなみに本研究は同法成立の前に開始され，主な資料は資料館や図書館で収集されたために，解釈によっては本法の対象とならない。しかしながら，本書出版にあたって，改めてトライブ評議会に申告を行ったところ，倫理的な調査，研究を行った旨の見解を得た。)

このような規則の制定によって，パスクア・ヤキに関する研究を避けようとする研究者も出てくることは間違いないだろう。特に学生の場合は全ての資金が自らの持ちだしであることや，財政支援を受けていても金額が少ない場合も多く，調査対象となった人々に十分な謝金を支払えないことも考えられる。本研究も，短期的なスパンでトライブに目に見える利益還元ができるものではないので，2008年以降に開始されたものであったら遂行できなかったかもしれない。しかしながら，遺伝子解析に関する研究が進み，歴史的にヤキを含む世界の先住民が経験してきたような主流社会の人々による先住民の遺骨の収集ブームの再来が現実味を帯びてきた現在，特に人体に関わる調査，研究に関してはこのような規則を設けて未然に危険を防ぐことは必要であるように見受けられる。さらに，今日の諸学術分野においては，当事

者による語りや，先住民自身による民族イメージの管理の重要性が強く認識されている。本研究が始まったきっかけとして記したように，自らの歴史や社会，さらには科学的事項についてより深く知りたいと考えているパスクア・ヤキの人々が存在することは確かである。筆者の想像するところによれば，トライブの中にも様々な意見があり，人々は今後どのように研究者と付き合っていくのか模索中なのであろう。

民族外部の研究者によるパスクア・ヤキの研究課題が扱いにくくなりつつある現在，自身がトライブに属する研究者の育成は急務であると考えられる。しかし，米国における先住民を取り巻く教育の環境は良いとは言い難い。2008年から2009年，即ち米国の学校制度における1年度の間に短期大学，大学，専門職大学院，修士課程および博士課程を終えた学生のうち，様々な先住族出身の学生の総数が占める割合はわずか1％[22]である。今後トライブ内から様々な分野の研究者が輩出されるまでには時間が必要であろうし，それが叶ったとしても，言語，歴史，医学など，多岐にわたる分野の全てに充分な数のパスクア・ヤキ構成員の研究者が行き渡ることは考えにくい。

そのような状況であるからこそ，トライブと集落に根ざした，トライブ内文化・言語部，ヨエメン・テキア財団，図書館などの施設の重要性がさらに明確に見えてくるのである。今後は，トライブ内の施設や活動をさらに充実させ，パスクア・ヤキの人々が外部の研究者に依頼してきたような課題を各構成員が独自に行う必要性が高まってくるであろう。その結果の発信としては，トライブが運営するウェブサイトやラジオ，新聞などの媒体が役立つと考えられる。そして，自らの課題に対処していくにあたっては，パスクア・ヤキの人々がさらに強いアイデンティティを確立し，文化や社会の保護に向けて自発的かつ活発な活動を行っていく必要がある。そのような過程の支援には，私を含めた研究者が協力する余地が残されているように見受けられる。

おわりに

本章で述べた通り，パスクア・ヤキ・トライブは，組織として成長すると共に，構成員やトライブを取り巻く人々の間にも様々な点で意識の改革が見

られる。今後，研究者を含めた外部の人々との関係性の見直しや，これまで米国政府の定めた法律の存在によってトライブから排除されてきた人々のトライブとのつながりを含めた課題が議論されることにより，トライブとしての在り方がより主体的に決定されることとなろう。

1) The Indian Health Service Fact Sheets, Behavioral Health. 〈http://info.ihs.gov/Bhealth.asp〉(2011年4月25日閲覧。)
2) The Indian Health Service Fact Sheets, Indian Health Disparties. 〈http://info.ihs.gov/Disparities.asp〉(2011年4月25日閲覧。)
3) Fears 2007.
4) 聖イグナシオ・ロヨラ (San Ignacio de Loyola) は，イエズス会の創始者であり，ヤキはイエズス会の宣教村への居住の歴史から，ロヨラを聖人として崇拝している。
5) United States Department of the Interior, National Park Service 2004.
6) ibid: 21.
7) 103rd 2nd sess. 1995.
8) 95th 1st sess. 1977.
9) Spicer 1980: 256.
10) Ramirezのウェブサイト〈http://texashiaki.webs.com/〉(2010年8月10日閲覧)による。
11) Nye 1997: 170.
12) Ramirezのウェブサイトによる。
13) 著者の聞き取りによる。
14) 著者の聞き取りによる。
15) 米国のヤキの人物の英語での電子メールを掲載したブログのサイトAlto Ariozna内，"Yaqui traditional healers verbally abused in southern Arizona"〈http://blog.altoarizona.com/blog/2010/07/yaqui-traditional-healers-verbally-abused-in-southern-arizona.html〉(2010年7月13日更新)による。
16) パスクア・ヤキ・トライブ政府ウェブサイト内，"Enhanced Tribal Card"〈http://www.pascuayaqui-nsn.gov/index.php?option=com_content&view=article&id=1:enhanced-tribal-card&catid=1:new-category〉(2010年9月10日更新。)
17) Scarpinato 2009.
18) McCombs 2010.
19) オンライン版 *Arizona Daily Star* 読者コメント欄。2010年7月14日。
20) Huicochea 2010.
21) Herreras 2010.
22) International Center for Education Statistics, U. S. Department of Education Insti-

tute of Education Sciences. "Digest of Education Statistics: 2010" 〈http://nces.ed.gov/programs/digest/d10/〉(2011 年 5 月 11 日閲覧。)

終　章

　これまで述べてきたように，越境の歴史から1世紀ほどを経て，メキシコから米国に移住したパスクア・ヤキの人々は，彼らの観点から見れば民族の伝統的居住地の一部であり続けた米国南西部のアリゾナ州において，メキシコのヤキとは別個の集団となり，米国社会の一員として生活してきた。そして，その米国南西部の土地は，ヤキの祖先が居住していた土地でもあった。その祖先の居住の歴史をもって，米国のヤキは米国政府認定のトライブとなった。トライブの構成員が米国先住民であることは，法律にも示されている。しかしながら，米国主流社会の人々の中には，「パスクア・ヤキが米国インディアン・トライブであり，その構成員が米国先住民および市民であるか否か」という点を問う者が未だ存在する。

　この問いの背景には，現代の米国における「ラテンアメリカ系か否か」を特に意識する社会状況の存在が指摘できる。米国の国勢調査では，回答者のエスニシティおよび人種に関する質問は，次のように始まる。

　　問8：回答者はヒスパニック，ラティーノ，またはスペインを起源としますか？
　　□いいえ
　　□はい，メキシコ人，メキシコ系米国人，チカーノです
　　□はい，プエルトリコ人です
　　□はい，キューバ人です
　　□はい，他のヒスパニック，ラティーノ，またはスペイン起源です（詳

しく記入——原注)1)

上記の質問の後に，下のような質問が続く。

問9：回答者の人種は何ですか？(複数回答可——原注，以下同じ)
□白人　□黒人，アフリカ系米国人，ネグロ
□アメリカ・インディアンもしくはアラスカ先住民(詳しく記入)
□インド人　□日本人　□ハワイ先住民　□中国人　□韓国人
□グアム人またはチャモロ2)　□フィリピン人　□ベトナム人
□サモア人　□他のアジア人(詳しく記入)
□他の太平洋諸島人(詳しく記入)　□他の人種(詳しく記入)3)

問8と問9は，両方に記入することができるようになっている。しかしながら，ラテンアメリカ系米国人が全人口に占める割合のみを抽出するべく問8が問9の前に設置されていることからは，米国政府がラテンアメリカ系人口の増加に神経を尖らせている様子が見受けられる。問8にラテンアメリカ系と共にスペイン出身者が含まれている点を考慮すると，米国政府の懸念はラテンアメリカ系のエスニシティを持つ人口の拡大よりも，むしろスペイン語話者の増加によって，長年米国の使用言語の中心となってきた英語が周縁化されることかもしれない。無論，米国はラテンアメリカから移り住んで定住する人々に加えて，日常的に国境を横断する人々にも脅威を感じている。2010年の統計を参照すれば，米国への移民の13.3%にあたる13万9120人がメキシコ出身で，乗用車やバスなど様々な方法でメキシコから米国に入国した人数の総計は2億4500万人にも上る。4)　(航空機での移動に関してはこの数に含められていない。)特に後者については，通勤や生活のために毎日国境を横断し，かなりの回数にわたってカウントされている人々が存在すると考えられるため，その数を鵜呑みにすることはできない上，交通手段の発達を考えるとヤキの認定に関して議論していた時期にはこれ程の移動はなかったであろうが，やはり驚くような数字である。それを考慮すれば，パスクア・ヤキがメキシ

コとつながりを持つ，と聞いた時点で，反射的に反対の立場に回った人も多かったに違いない。

　さらに，パスクア・ヤキに関する問いは，アフリカ出身の父親を持つオバマ大統領に対して，米国内における出生証明書の開示が求められた時の議論を想起させる。オバマ大統領は，出生証明書を開示した際，「『米国人の大多数』と報道関係者に対して話している」[5]と述べた。米国は，国内で生まれた者を国民と見なす出生地主義を採用している。しかしながら実際は，一滴でもアフリカ系米国人の血統を持っていれば政治的にアフリカ系米国人とみなす「ワン・ドロップ・ルール」にしろ，米国先住民に対して血統の割合を求める政策にしろ，米国主流社会の人々には，自らや他者のルーツを「血」で証明したがる傾向が見られる。そのような人々にとって，パスクア・ヤキの人々は，未だ「メキシコの血統」を持った難民に見えるのかもしれない。ところが，メキシコは多民族で構成された国家であるゆえに「メキシコの血統」というものは存在しない上に，米国とメキシコの国境線は繰り返し引き直されているどころか，そもそも入植者到来以前には存在しなかった。大陸全体の土地が先住民のものであり，彼らはその中で地理的な動態を備えながら共存してきたのである。また，あえて「血」に関して述べるとすれば，ヤキの人々は「ヤキの血統」を持った人々である。そして，生物学的にヤキの血統を持っていなくても，ヤキの社会に貢献した人々は，集落に歓迎されてきた。先住民の人々が伝統的な価値観から「血」について語る時，多くの場合は生物学的な概念ではなく，精神的なつながりを指しているのである。主流社会の多くの人々は，この根本的なずれに関する根本的な理解に至っていないように見える。

　その上，先住民は，例え国境で分断されても1つの民族を成す，一種トランスナショナル的な存在である。自身も米国先住民のラグーナ・プエブロの構成員である作家のシルコウは，北米大陸の先住民にまつわるフィクション小説の『死者の暦(*Almanac of the Dead*)』の中心的な人物の民族をヤキとして設定した。シルコウが著書の中に示した北米大陸の地図には，国境を示す線が引かれているものの，地図の中心はトゥーソンであり，米国およびメキ

シコの都市が点線でトゥーソンとつながれている。さらに，ヤキであると設定された登場人物の名前は，米国とメキシコの両側に記されている。この地図には，シルコウを含む先住民のトランスナショナル的な世界観が反映されている。主流社会の構成する米国は，米国の首都の位置するワシントンDCや，経済の中心であるニューヨーク，ロサンゼルスなどを中心に回っているが，先住民社会にはトゥーソンを含む別の場所（都市とは限らない）を核とし，独自の論理に基づいて機能しているのである。

　一方で，パスクア・ヤキとメキシコ側のヤキの両方を含む1つの民族としてのヤキは，完全にトランスナショナルな存在ではない。米国先住民認定はパスクア・ヤキの人々に恩恵をもたらしたが，構成員を民族の憲法で設定することによって，パスクア・ヤキとメキシコ側のヤキの間には心理的な距離が生まれた。さらに，テキサス居住のラミレスの例で示したように，米国内でもトゥーソンを中心とするパスクア・ヤキと，カリフォルニア，テキサス等に在住するという理由で構成員の枠から外れてしまったヤキの間には，同じように心理的な距離が生まれた。かといって，認定を受けなければ，ヤキの人々全体が貧しい生活を強いられていたことは明らかである。ヤキの人々は，民族の一部の人々をやむをえずトライブから切り離すなど，国家の定める様々な規定のもたらす苦難に耐えながら，ヨーロッパ系入植者を中心として構成される米国主流社会の定めた枠組みを利用して一民族として生き延びるべく，米国先住民としての地位を得たのである。

　また，この研究のきっかけとなった疑問に立ち戻ってみよう。多くのパスクア・ヤキの人々が，米国先住民認定について「知らない」「分からない」と答えた点である。毎年9月18日は民族認定記念日としてトライブ内で祝われている。そして，保留地のヨエメン・テキア財団附属博物館には，1964年に後に保留地となる土地が米国政府からパスクア・ヤキに付与された際の文書がガラスケースに入れて大切に保管されている。さらに，パスクア・ヤキを率いて認定へと導いたアンセルモ・バレンシアの名は，トライブの経営する屋外劇場や保留地前の大通りの名前等に冠されている。これらを総合して考えれば，パスクア・ヤキの人々が，本当に全く先住民認定が起こったと

いう事実を知らないということはまず考えられない。それでは，人々が「知らない」，「分からない」ということは，何を意味しているのだろうか。

　筆者はこの点について，認定に関する働きかけの大部分がヤキでない外部の人々によって行われたことが理由の一部ではないかと考える。ヤキの人々が長く主体となり得なかったことに関しては，認定に限らず，例えば新聞での報道や，観光産業におけるヤキ・イメージの創造と利用においても同様である。また，現在，米国とメキシコの両国において，ヤキ語を日常生活の主な言語として使用する人の数は少ないが，その理由は，米国においては英語，メキシコにおいてはスペイン語で教育が行われるからである。ヤキの代表が米国において子供達に英語での教育を受けさせたいとの意向を示したのは，先に記した通り 1920 年代のことであり，それが叶うまで，人々の間での識字率は低かったと考えられる。また，入植者がアメリカ大陸に到来する以前に加えて，さらにヤキがメキシコで迫害され，米国からも受け入れられなかった間には，少なくとも現在より多くの人々がヤキ語を使用していたように見受けられる。ヤキ語はアルファベットを借用して記述されることもあるが，本来は文字を持たなかった言語であり，ヤキの人々自身が体験した歴史が記述され，保管されてくることは少なかった。さらに，記録の一部をシャツに縫い付けてメキシコから米国の集落へと走ったという言い伝えがあるものの，少なくとも筆者はそのようなシャツの現物について見聞きしたことはなく，米国・メキシコ国境の砂漠地帯の過酷な自然環境を考慮に入れると，米国のヤキ集落まで辿り着いた走者は多くなかったと考えられる。そのため，パスクア・ヤキの人々自身による語りは，現在までに少なからぬ量のものが失われてしまったのである。口頭伝承の一部に民族の語りが残されている可能性はあるが，現在の世代はすでにヤキ語を母語としない者が大半であるために，これまでに失われた伝承が多いことが予測できる。

　そのため，パスクア・ヤキの認定に使用された資料は，例えばトゥーソンの観光産業への貢献を示した手紙や，新聞の切り抜き，そしてトゥマカコリ宣教村に関する宣教師や研究者の記述であった。つまり，ヤキの人々の大半が米国先住民認定の過程に参加できなかった，いわば他人事のように捉えら

れているのではなかろうか。これを間接的に示しているのが，博物館における展示である。一番大きなガラスケースに入れて保管されているのは，1978年の米国先住民認定の書類ではなく，1964年の土地付与に関する書類である。後に集落となった土地の整備や拡大には，多くのパスクア・ヤキの人々が，日干しレンガを作ったり，土地を均したりするなど，実際に参加した。筆者自身も，現在の保留地がまだ整備されていなかった頃，いかにそこに住宅を整備したり，水を運んだりするのが大変だったかなど，様々な逸話を耳にしている。パスクア・ヤキの人々にとって，米国における自らの利益の拡大が主体的なものとしてより強く体感できたのは，他者が大きく関与した1978年の先住民認定ではなく，自身が参加して達成された1964年の土地付与ではなかったか。

　他の理由としては，先住民独自の事情が考えられる。英語の *Indigenous* や *Native* といった単語は，「土着の」，つまり「土」に「根ざした」という意味がある。しばらくの間，ある意味流浪の民として生きなくてはならなかったパスクア・ヤキにとって，自らが文化的および社会的な「根」を張れる土地が与えられるということは，我々ヤキでない人々には想像できないほど重要なものであったに違いない。土地の付与は，パスクア・ヤキの人々にとって，現在，および未来のパスクア・ヤキという存在そのものの肯定として捉えられたのではなかろうか。

　ただし，1978年のトライブとしての認定によってこそ，1964年の土地付与はさらに意味のあるものとなった。もしもインディアン・トライブとしての認定が行われず，パスクア・ヤキに主権が与えられなかったとしたら，付与された土地は一般的な住宅地と何ら変わりのないものに留まったであろう。しかしながら，トライブとしての認定が行われることによって，その土地は保留地となり，主権を行使することによって，領内においてトライブの社会を運営することが可能となると共に，米国政府との間で「国家対国家」の関係性に基づいた対話が可能となったのである。つまり，1978年のトライブ認定はパスクア・ヤキが米国に政治的な「根」を張ることに寄与したのであり，それによってパスクア・ヤキは恒久的に米国社会の一部となったと考え

られるのではなかろうか。

1) United States Census Bureau 2010.
2) グアムに居住する先住民。
3) United States Census Bureau 2010.
4) "Border Crossing/Entry Data: Time Series Analysis," Research and Innovative Technology Administration, United States Bureau of Transportation Statistics. 〈http://www.bts.gov/programs/international/transborder/TBDR_BC/TBDR_BCTSA.html〉(2011年6月29日閲覧。)
5) Parsons 2011.

年　表

1617	宣教師がヤキの集落に到着
1691	トゥマカコリ宣教村の設立
1796	ヤキによるトゥマカコリ宣教村への居住の記録
1853	ガズデン購入
1861	トゥマカコリ宣教村が完全に放棄される
1863	アリゾナの準州化
1865	サザン・パシフィック鉄道の設立
1870年代	インディアン学校の開校
1876-1911	ディアス政権（メキシコ）
1880	サザン・パシフィック鉄道，トゥーソン市に至る
1883	入植および未開地の測量分割に関する法律（メキシコ）
1887	インディアン一般土地割当法
1900-1910	ヤキのアリゾナへの移住のピーク
1905-1910	ヤキをユカタン半島に奴隷として移送
1908	トゥマカコリの国定モニュメント化
1912	アリゾナ州成立
1914-1918	第一次世界大戦
1916	チペワ＝クリー・トライブの米国先住民認定
1920年代	先住民を使った南西部の観光が始まる
1920年代	インディアン学校の廃止
1922-1934	先住民による踊りの禁止
1924	インディアン市民権法
1928	トゥーソン圏空港の開港
1929	大恐慌
1933-1936	ニューディール
1933-1945	コリアがインディアン局の局長を務める
1934-1940	カルデナス政権（メキシコ）
1939-1945	第二次世界大戦

1934	インディアン再組織法
1940年代	メキシコのキカプーによるテキサスへの移住
1942	ヤキに対する市民権獲得のための教育
1948	職業訓練法
1950年代	先住民移転事業
1955	ヤキによるサン・イグナシオ会設立
1960年代	米国インディアン運動
1960年代	パスクア・ヤキ協会設立
1962	移民および難民支援法
1964	パスクア・ヤキ協会へ202エーカーの土地付与
1965	1965年移民国籍法
1965	メキシコのヤキによる権利獲得のための抗議活動
1968	カスタネダ著『呪術師と私──ドン・フアンの教え』発刊(以降2000年まで計12冊のシリーズが刊行)
1969-1971	米国先住民によるアルカトラズ島占拠
1975	先住民自治および教育支援法
1978	先住民児童保護法
1978	先住民宗教自由法
1978	パスクア・ヤキの米国先住民認定
1979	考古学資源保護法
1979	チアパス州ラスカサス市における先住民議会(メキシコ)
1983	キカプー・トラディッショナル・トライブの米国先住民認定
1990	先住民墓地保護および返還法
1990	先住民美術工芸法
1991	アローストゥック・ミクマック認定
1991	バレンシア著『夢の王妃』発刊
1991	シルコウ著『死者の暦』発刊
1994	インディアン局による「歴史的でない」先住民族についての発表

173

付録1　インディアン再組織法の概要

第1条：法律の目的
・本法律は以下を目的としている。
　・インディアンの土地および資源の保護
　・商業その他の組織を設立する権利の拡大
　・インディアンに対する融資制度の設立
　・自治に関する明確な権利の付与
　・職業教育の提供
　・その他
　・インディアンとの条約あるいは協定により設立もしくは割譲されたインディアン保留地を合衆国政府が購入すること，あるいは，インディアンの単独所有とすることの禁止

第2条：土地の保護
・インディアンの土地に対する信託期間および譲渡制限を拡張および継続する。

第3条：パパゴ・トライブ保留地における土地の回復と使用の補償
・内務長官は，インディアン保留地の余剰地について，公益に合致するならばトライブの所有権を回復させる権限を有する。
・本法律は，撤回されるまで有効な土地に対する権利あるいは請求には適用されない。
・本条項は，インディアン保留地においてこれまで許可されてきた開拓事業に係る土地には適用されない。
・内務長官レイ・ライマン・ウィルバー（Ray Lyman Wilbur）が1932年10月28日に署名，承認し，アリゾナ州のパパゴ・インディアン保留地の土地について，公有地鉱業法に基づく鉱物の占有権あるいは請求権を一時的に取り消していた内務省規

則は，これを撤回し，無効とする。アリゾナ州のパパゴ・インディアン保留地の土地は，合衆国における現行の鉱業法に基づき，パパゴ・インディアン保留地を設立する行政命令に記された条項に従って，調査および場所を回復する。
・採掘のための土地を改良できなかったことによる損害については，その改良にかかる費用を超えない限り，内務長官によって決定された金額がパパゴ・トライブに支払われる。
・年間賃貸料として，1エーカーあたり5セントを超えない金額がパパゴ・インディアントライブに支払われる。
・パパゴ保留地における鉱物特許を欲する者は，合衆国鉱業法に従って，採掘による土地の損失あるいは占有の補償として，年間賃貸料の代わりに1エーカーあたり1ドルをパパゴ・トライブが債権を有する合衆国の国庫に納めなければならない。
・特許権者は，上記以外の理由によって土地を改良できなかったことによる損害についても，それにかかった費用，すなわち，特許が必要ない場合，特許権者に払い戻されていた，1エーカーあたり1ドルの地上使用に対する支払を超えない限りで，内務長官によって決定された金額を，パパゴ・トライブが債権を有する合衆国の国庫に支払わなければならない。
・本法律のいずれの条項も，地役権あるいは通行権の付与もしくは行使を制限しない。
・本法律のいずれの条項も，アリゾナ州にパパゴ・インディアン保留地を創設する1917年2月1日の行政命令，あるいは1931年2月21日の法律（46 Stat. 1202）に反する規則等を公布することを認めていると解釈されてはならない。

第4条：インディアン・トライブの土地および資産の処分
・本法律に定められていることを除き，内務長官の承認がなければ，制限されたインディアンの土地，あらゆるインディアン・トライブの資産の持分あるいは法人の売却，遺贈，贈与，交換，譲渡等は認められない。
・トライブ内の相続についてはその限りではない。
・インディアンの土地の適切な併合および共同組織の利益にとって合理的かつ有益あるいは適合するものと認められる場合，内務長官は，等価の土地および共有財産の自主的な交換を許可することができる。

第5条：インディアン保留地の土地に関する内務長官の裁量
・内務長官は，その裁量により，年間200万ドルを超えない範囲で，買受け，放棄，贈与，交換，譲渡をとおして土地のあらゆる利益，水利権，地上権を取得する権限を有する。
・当該資金は，アリゾナおよびニューメキシコにおけるナバホ・インディアン保留地の区域外にさらなる土地を取得するために用いてはならない。
・本法律に従って取得したあらゆる土地の権原あるいは権利は，当該土地に対するインディアン・トライブもしくはインディアン個人の信託として合衆国の名義となり，連邦税および地方税が免除される。

第6条：インディアンの森林および家畜に関する規制
・内務長官は，インディアン森林区域を持続可能な方法で運営および管理するための法規および行政規則を定め，インディアン区域において放牧する家畜数を制限しなければならず，当該区域を荒廃から保護し，土壌の浸食を抑え，十全な使用を保証する必要等がある場合も，同様の法規および行政規則を定めなければならない。

第7条：新たな保留地の設置および既存の保留地への土地の付加
・内務長官は，本法律により与えられた権限によって取得した土地にあらたなインディアン保留地を設け，あるいは，既存の保留地に当該土地を加えることができる。
・既存の保留地に加えられた土地は，トライブの名簿あるいはトライブの成員資格によって当該保留地で暮らすことが認められているインディアンの排他的使用に供される。

第8条：インディアン保留地外の公有地におけるインディアンの家産の保護
・本法律の規定はいずれも，既存の，もしくは今後設立されるあらゆるインディアン保留地の地理的境界外にある公有地おいてインディアンが保有している割当地あるいは家産に影響すると解釈されてはならない。

第9条：インディアン公認会社設立に関する
・本法律によって設立されるインディアンの公認会社もしくは他の組織の設立経費における負担として，いかなる会計年度においても25万ドルを超えないかぎりで，

財務省の資金から必要な金額を充当し，内務長官の指導のもとで用いることとする。

第10条：リヴォルヴィング資金
・内務長官があらかじめ定める法規および行政規則にしたがって，当該トライブおよびその成員の経済的発展を促進するためにインディアンの公認会社に融資し，貸付金の管理費用を負担するリヴォルヴィング資金として，財務省の資金から1000万ドルを確保することとする。
・本規定による融資の返済金は，リヴォルヴィング資金に充当され，同資金が設立された目的のために用いられなければならない。
・本規定による経済活動について，年次報告書を合衆国議会に提出しなければならない。

第11条：教育機関授業料の融資
・公認の職業学校および商業学校の授業料およびその他の諸費用を支払うインディアンに対する融資については，本規定にしたがってあらかじめ充当された資金の残高とあわせて年間25万ドルを超えないかぎりで，国庫の資金から充当することとする。
・高等学校および大学で学ぶインディアンの学生に対する融資のため，5万ドルを超えない限りで資金を充当しなければならない。
・当該貸付金は，インディアン事務局長官の定める規則にしたがって返還しなければならない。

第12条：インディアン事務所の雇用におけるインディアンの優遇
・内務長官は，インディアン・トライブに影響する職務あるいは事業を管理するにあたり，公務員法と関係なく，インディアン事務局が保有している様々な職位に任用されるインディアンの健康，年齢，人格，経験，知識および能力に関する基準を設けるよう指示しなければならない。
・当該基準に適格なインディアンは，今後，当該職位の欠員に対して優先的に任命されなければならない。

第13条：本法律の適用されない地域およびトライブ

・本法律における規定は，9条，10条，11条，12条および16条がアラスカ領に適用されなければならないことを除いて，合衆国の所有するあらゆる領土，植民地あるいは島嶼に適用してはならない。
・本法律の2条，4条，7条，16条，17条および18条は，オクラホマ州のインディアン・トライブおよび当該トライブと関係を有する他のトライブの成員に適用してはならない。
・本法律の4条は，オレゴン州のクラマス保留地のインディアンに適用してはならない。

第14条：割当地の受給要件
・内務長官は，本法律の規定を除いて，1908年5月29日の法律（25 Stat. L. 451）19条もしくはそれ以前の諸法律にもとづいて単独所有となっていた土地から割当地をうけとる資格を有し，また，18歳以上の家長あるいは独身者という所定の身分にあるすべてのスー・インディアンに対して，1889年3月2日の法律（25 Stat. L. 891）17条に列挙された文言によって認められていたこと，あるいは1886年6月10日の法律（29 Stat, L, 334）にしたがって換算された現金価値を維持しなければならない。
・何人も，ひとつの割当地以上の利益を権利としてうけとってはならない。また申請は，受給者の存命中になされ，承認されなければならず，さもなければその権利は消滅する。当該利益は，各人が本法律の可決によって割り当てられた土地における80エーカーの割当地から利益をうけていると認定されることにより，当該土地における割当地がなくなるまで，当該保留地に給付され続けなければならない。

第15条：合衆国に対する請求および訴訟
・本法律におけるいかなる条項も，あらゆるインディアン・トライブの合衆国に対するすべての請求あるいは訴訟について，それを害し，もしくは不利益をもたらすように解釈されてはならない。
・本法律によって認められている歳出予算割当からもたらされるインディアンの利益に対する経費は，訴訟当事者であるインディアンの合衆国に対するすべての請求を認めるいかなる訴訟においても，補償とみなしてはならない。（インディアンの合衆国に対する訴訟においてその請求を認めるにあたり，インディアンに対する給

付制度にかかる経費をその補償額に含めてはならない。)

第16条：トライブの団結権および憲法制定権
・同じ保留地に居住するいかなるインディアン・トライブも，その公共の福祉のために団結する権利を有し，適切な憲法および条例を採択することができるが，それは，トライブの成人の成員もしくは当該保留地に居住する成人のインディアンの過半数の得票によって，また場合によっては内務長官があらかじめ定める法規および規則にしたがい，内務長官が認めた特別選挙において承認されることにより有効となる。
・当該憲法および条例は，内務長官によって右のように承認および批准されたとしても，同様の有権者に対して開かれ，また右に定めたことと同様に実施される選挙によって撤回できなければならない。
・現行法によりインディアン・トライブあるいはトライブ評議会に付与されているすべての権限に加えて，右トライブによって採択された憲法は，当該トライブおよびそのトライブ評議会に以下の権利および権限を付与するものとする。訴訟代理人を雇用するため，内務長官の承認にもとづいて訴訟代理人を選出し，報酬額を決定すること。トライブの同意がない限り，トライブの土地，土地における利益もしくはトライブの他の資産の売却，譲渡，賃貸あるいは抵当権等の設定を妨げること。連邦政府，州政府および地方政府と交渉すること。
・内務長官は，あらゆる割当金の概算あるいは連邦政府の事業について，予算局および合衆国議会に当該概算を提出する前に，当該トライブあるいはそのトライブ評議会にトライブの利益となるよう助言しなければならない。

第17条：トライブへの法人格の付与
・内務長官は，少なくとも成人のインディアンの3分の1による請願があるならば，当該トライブに法人格を付与する証書を交付することができる。
・当該証書は，特別選挙において，保留地に居住する成人のインディアンにおける過半数の票によって承認されるまで施行されてはならない。
・当該証書は，制限されたインディアンの土地を取得する権限も含み，物的なものであれ人的なものであれ，あらゆる種類の資産について，贈与あるいは人的財産遺贈によって取得，あるいはその他に所有，保有，管理，経営および処分する権限，

ひいては法人の資産における利益を交換する権限および法人の事業の実施に付随する権限を，法人化するトライブに付与することができる。
・法律に適合しているならば，保留地の境界内に含まれるいかなる土地についても，売却，抵当権等を設定し，あるいは10年間以上賃貸する権限が付与されなければならない。
・このように交付されたいかなる証書も，合衆国議会の法律によらない限り，撤回もしくは返還させられない。

第18条：本法律の適用承認に関する選挙
・本法律は，内務長官によって適切になされた特別選挙において，成人のインディアンの過半数がその適用に反対票を投じたいずれの保留地に対しても，適用してはならない。
・本法律が可決および承認されてから1年以内に当該選挙を30日間の公示ののち無記名投票により実施することは，内務長官の義務である。

第19条：用語の定義
・本法律において用いられている「インディアン」という用語は，現在連邦法のおよんでいるいずれかの承認されたインディアン・トライブの成員で，インディアンの血統を有するすべての人々，および1934年6月1日にいずれかの保留地の現在の境界内に居住していた成員の血統を有するすべての人々を含み，また2分の1もしくはそれ以上のインディアンの血統を有している他のすべての人々を含むものとする。
・本法律の目的に照らして，エスキモーおよびアラスカにおける他の先住民族もインディアンとみなすこととする。
・本法律において用いられる「トライブ」という用語はいずれも，あらゆるインディアン・トライブ，組織的バンド，プエブロ族，あるいはひとつの保留地に居住するインディアンを指すものと解釈されなければならない。
・本法律において用いられている「成人のインディアン」という用語はいずれも，21歳に達しているインディアンを指すものと解釈されなければならない。

1934年6月18日承認。

(1935年8月12日に第15条に関する以下の箇所が改正された)

第2条：インディアン・トライブの損失に関する裁判所の考慮義務
・審理もしくは提訴されたことのないインディアン・トライブもしくはバンドによって，現在請求裁判所に係属しているすべての訴訟，および当該トライブもしくはバンドによって，今後請求裁判所に提出されるいかなる訴訟においても，請求裁判所は，本条項によって，当該トライブもしくはバンドがその利益のために合衆国によって不当に支払わされたすべての金額を正確に把握し，その総額を考慮して差し引くようにしなければならない。
・請求裁判所に現在係属しており，あるいは今後提出され，インディアン・トライブあるいはバンドが原告当事者であるすべての訴訟において，裁判所の義務は，事実と結論に関するその判決を合衆国議会に報告するのみであるが，当該請求裁判所は，本条項によって，当該トライブもしくはバンドの利益のために合衆国によって不当に支払わされた金銭の総額に関する陳述書を，その報告書に含むようにしなければならない。
・請求の基礎とされる法律，条約，合意あるいは行政命令の日付よりも以前の費用，また1934年6月18日の法律(48 Stat. L. 984)に基づく費用は，当該法律の5条に基づく割当金における費用を除き，請求裁判所に現在係属しており，あるいは今後提出されるインディアン・トライブのいかなる請求に対しても差し引くものとしてはならない。

第19条：用語の定義
・本法律において用いられる「インディアン」という用語は，現在連邦法のおよんでいるいずれかの承認されたインディアン・トライブの成員で，インディアンの血統を有するすべての諸個人，および1934年6月1日にいずれかのインディアン保留地の現在の境界内に居住していた成員の血統を有するすべての人々を含み，また2分の1もしくはそれ以上のインディアンの血統を有している他のすべての人々を含むものとする。
・本法律の目的に照らして，エスキモーおよびアラスカにおける他の先住民族もインディアンとみなすこととする。
・本法律において用いられる「トライブ」という用語はいずれも，あらゆるインディアン・トライブ，組織的バンド，プエブロ諸民族，あるいはひとつの保留地に

居住するインディアンを指すものと解釈されなければならない。
・本法律において用いられている「成人のインディアン」という用語はいずれも，21 歳に達しているインディアンを指すものと解釈されなければならない。

付録2 パスクア・ヤキ・トライブ憲法の概要[1]

序文：憲法を定める理由
・米国市民としての権利を得るため
・米国市民としての義務を果たすため
・社会保障を促進するため
・米国政府と連携するため
・教育や機会均等に必要となる経済的自助努力の体制を確立するため
・ヤキとしての精神的，文化的，社会的価値を保存し促進するため
・神の導きと1934年6月18日施行のインディアン再組織法の定めるところに従って，ここにこの憲法を採択する。

権利宣言
第1節：パスクア・ヤキ・トライブ政府が行ってはならないこと
a. ・宗教活動の自由を禁止する法の制定やその行使
1 ・言論や出版の自由の規制
　・集会の規制
b. ・人々の権利の侵害
　・理由のない家宅捜索
c. ・人々を犯罪の危険にさらすこと
d. ・刑事事件において被告が目撃者を兼ねること
e. ・適正な代償のない私有地の公的利用
f. ・刑事訴訟における迅速で公平な裁判の妨害
　・権利告発の性質と原因の説明の妨害
　・証人喚問の妨害
　・被告が自らに有利な証人を呼ぶことの妨害
　・被告が自らの資金で弁護士の助言を得ることの妨害

g. ・過剰な保釈金の請求
   ・過剰な罰金の請求
   ・残虐で異常な罰則の執行
   ・1つの犯罪に対して1年以上の収監または5000ドルの罰金もしくはその両方の罰則を課すこと
h. ・司法権の及ぶ範囲において法の下の平等を否定すること
   ・被告人の自由や財産を法的手続きを経ずに奪うこと
i. ・私権剥奪の議案または遡及法を通過させること
j. ・6人以上の陪審員による公判権の否定

第2節：裁判の透明化
・人身保護令状はアメリカ合衆国内の法廷に関わる誰もが入手できる
・パスクア・ヤキ・トライブの命じる留置の合法性を問うことができる

第2条　裁判管轄権
・パスクア・ヤキ・トライブとパスクア・ヤキ・トライブ評議会の裁判管轄権は，保留地の全土に適用される
・このような裁判管轄権は，将来トライブが所有もしくは信託によって得る土地でも適用される。
・パスクア・ヤキ・トライブの裁判管轄権には，1978年のインディアン児童保護法の適用も含まれる。

第3条　パスクア・ヤキ・トライブの成員資格
第1節：トライブの成員
a. ・パスクア・ヤキ・トライブの成員資格は，パスクア・ヤキ・トライブ成員基本台帳に記載された適格な人々でなければならない。
   ・トライブ評議会は基本台帳を修正できる
   ・台帳の修正は内務長官によって承認されなくてはならない
   ・基本台帳に新たな人物が加えられてはならない
b. ・成員は，少なくとも4分の1のパスクア・ヤキの血統を有していること

第2節：成員資格の管理
・トライブ評議会は，内務長官の承認にしたがって，今後の成員資格およびその喪

失に関する条例を制定する権利を有する
第3節：成員資格の破棄
・成員は，成員資格を放棄することができ，それによってトライブ台帳から削除される
・自発的に成員資格を放棄する者は，パスクア・ヤキ・トライブ評議会の投票で過半数を得ない限り，成員資格を再取得することができない
第4節：登録重複の禁止
・成員は，他のインディアン・トライブの台帳に記載されてはならない

第4条　議会の構成
・パスクア・ヤキ・トライブ政府の統治権は，立法府，行政府および司法府の3部門に分けられていなければならない。
・これらの部門のうち1つに正式に所属する人や団体は，本憲法が明文で認めているものを除き，他の部門に所属できない

第5条　立法部
第1節：パスクア・ヤキ・トライブの立法
・パスクア・ヤキ・トライブの立法権は，成員による直接選挙によって選出されたパスクア・ヤキ・トライブ評議会に属する
第2節：トライブ評議会
・トライブ評議会は，パスクア・ヤキ・トライブの成員からあまねく選出された11人の評議員によって構成される
・本憲法制定後の最初のトライブ評議会選挙は憲法を承認した後120日以内に行う
・トライブ評議会の評議員は，1期4年間を務めなければならない
第3節：議長の選出
・トライブ評議員選挙から30日以内に，トライブの評議員から議長と副議長を選出する
・議長および副議長は，トライブ評議員の投票によって選出される
・最多得票者が議長，次点の者が副議長となる
・得票数が同数であった場合，候補者以外の9名が投票する決選投票によって決する

- 過半数を得た候補者が議長となり，残りの候補者が副議長となる
- 議長および副議長は，1期4年間を務めなければならない
- トライブ評議会の3分の2以上の不信任投票があった場合に限り，他の議長もしくは副議長を選出することができる
- 不信任投票は議長もしくは副議長としての能力が低く解任が必要な際のみに行われ，解任後も評議会に留まる
- トライブ評議員の完全な除名に関連する選挙では3分の2の票は必要ない

第4節：評議員の被選挙権
- 評議員は，本憲法第3条に定義されたパスクア・ヤキ・トライブの成員で，選挙もしくは任命の際に25歳以上の者に限る

第5節：評議員不適格事由
- 合衆国裁判所もしくは州裁判所において，重罪，詐欺，資金横領について有罪とされたことがある者は，投票権が法的に回復しているか，有罪判決が抹消された場合を除き，評議員になることができない

第6節：被選挙権者の資格に関する条例制定権
- トライブ評議会のみが公職に対する候補者資格を判断する
- トライブ評議会は，公職に対する候補者資格を定める必要がある場合には，本憲法および1968年インディアン公民権法にしたがって，当該条例を定める権限を有する

第7節：評議員の資格
- 以下の者は評議員となることはできない
- 他に選出された公職に就いている者
- トライブの政策決定に関する職を有する者
- トライブもしくはトライブの商業施設によって雇用されている者

第6条　トライブ評議会の権限
第1節：トライブ評議会の権限
- パスクア・ヤキ・トライブ評議会は，1934年のインディアン再編制法第16節，合衆国憲法および本憲法によって以下の権限を有する

a. あらゆる個人，団体，合名会社，法人もしくは他の民間の法主体と同様に，合衆国，州および地方政府と協議し，契約や合意事項を履行すること

b. 合衆国法によって内務長官による承認が要求されている場合にはその承認にしたがって，訴訟代理人を選出し報酬額を決定して，訴訟代理人を雇用すること
c. あらゆる代理人，自治体管理者，代表者，商業管理者，相談役，あるいはパスクア・ヤキ・トライブの利益を拡大するために資する条件での雇用を許可すること
d. パスクア・ヤキ・トライブの公共の福祉に資する目的で，トライブの資金を公共，政府，商業に分配すること
e. 資金を借り入れ，その融資の担保に今後のトライブの収入を割り当てること
f. 本憲法の第2条および適用される合衆国法あるいは規則の条項にしたがって，パスクア・ヤキ・トライブの裁判管轄域内に居住している者に課税し，徴収すること
g. トライブの土地と所有物の売却，譲渡，賃貸，利益の譲与
h. トライブ成員への資金を貸し付け
i. トライブ役員および職員の給与設定と支払い
j. 営利または非営利の団体もしくは協会の組織を設立もしくは承認すること
　株式の買収と所有権の管理
k. 保留地内外の土地の購入もしくは寄付受付
l. 全ての商業活動，科学的活動および宣教活動の管理，許可
m. 保留地への立ち入り制限
　ただし，合衆国政府もしくは州政府の官僚による公務においては適用されない
n. 事務局，役員会，委員会，協議会の設立，その権限および義務の決定，その権限行使に必要な条例等の制定
o. パスクア・ヤキの人々の平和，健康，安全および一般の福祉を保護および促進するための法律，規則，条例等を採択して，トライブ政府の管理および運営を支援すること
p. 本憲法にしたがって評議会の委員の解任を含む諸手続に関する規則および条例を定めること
q. パスクア・ヤキの保留地および所有地もしくは信託地における歴史的な場所，宗教的な場所，神聖な場所，考古学的な場所等を保護すること
r. 儀礼や他のヤキの習慣や伝統的活動を管理しヤキの文化的価値観を確実に守ること
　トライブの芸術，工芸，伝統，言語，文化を推奨し，促進すること

s. 助成金，補助金もしくは贈与を申し込み，受領すること
t. 適用される合衆国法および本憲法にしたがって，市民の行為，犯罪，法律の施行，賭博，都市計画，商業，標識，土地利用，環境の質，住宅の開発および改善，建築基準の統一と実施，後見人，介護人および養子縁組の指名を含む少数者および心神喪失者の保護，アルコール飲料の販売および使用に関する法令を制定すること
u. 土地，鉱物，水，野生動物そして他の自然資源を管理，保護，保存すること
v. 債権や債務証書を発行すること
w. 保留地内外における活動や商業を管理すること

第2節：トライブ評議会での投票
・全ての法令，決議，規則，条例は，トライブ評議会で過半数の票を得て制定される
・議長，副議長を含む各トライブ評議員は，それぞれ1票を持つ
・本憲法によってトライブ評議会に明確に委託されていない件は成員によって決定される
・評議会での投票によって，トライブとして締結されたいかなる行動，販売，賃貸，譲渡，制定，取得，契約債務，法人設立，購入，立法者の解雇，充当金もしくは貸付も，無効となりうる

第7条　行政部
第1節：トライブ公務員および従業員
・パスクア・ヤキ・トライブの行政部は議長，副議長，秘書，会計係，他の役員によって構成される
・「トライブ公務員」はトライブ評議会によって設立される機関の代表として，トライブ政府の部門を管理する
・秘書，会計係，選挙を経ていないトライブ公務員は，本条項第3節の規定に応じて議長に報告を行い，議長の意思にしたがって勤務する
・「トライブ従業員」の労働条件はトライブの行政官によって準備され，トライブ評議会に承認された人事規定マニュアルによって示される
・パスクア・ヤキ・トライブの行政権は議長，副議長，秘書，会計係に帰属する

第2節：議長，副議長の選出
・議長と副議長は，本憲法の第5条第3節に基づいて選出される

第3節：議長による指名
・秘書，会計係，トライブ公務員は，トライブ評議会の3分の2以上の票を得て議長に指名される
・それぞれの議席は1つずつで，秘書と会計係はトライブ評議会の中から選ばれる
第4節：トライブ役員の選出
・選挙以外の方法で選出される全てのトライブ公務員は，議長に従う
・トライブ評議会の3分の2の同意によって，公務員は議会から除名される
第5節：職員，秘書，会計の選出
・選出されるトライブ機関の職員，秘書，会計係は，25歳以上のトライブ成員でなくてはならない
第6節：公務員不適格事由
・合衆国裁判所もしくは州裁判所において，重罪，詐欺，資金横領について有罪とされたことがある者は，投票権が法的に回復しているか，有罪判決が抹消された場合を除き，トライブ公務員になることができない

第8条　司法部
第1節：トライブの司法権
・パスクア・ヤキ・トライブの司法権は，トライブ評議会が設置することができ，第1審裁判所および上訴審裁判所も含むトライブ裁判所に帰属する
第2節：トライブ裁判所の管轄
・裁判所の管轄権は，本憲法およびその規定と合致するパスクア・ヤキ・トライブの法律，伝統，慣習もしくは制定法の下で生じたすべての事案におよぶ
・トライブ裁判所は，合衆国法もしくはトライブ法によって明確に禁じられている場合を除き，パスクア・ヤキ・トライブの成員もしくは非成員の関与する全ての民事および刑事事件を担当する
第3節：訴訟手続き
・トライブ裁判所の職務および訴訟手続は，トライブ評議会の条例によって定められる
第4節：裁判官の選出
・パスクア・ヤキ・トライブの裁判官は，トライブ評議会において3分の2の賛成をえた者から議長によって指名される

・人数，給与，資格，そして3年間の任期をずらす制度は，評議会の法令によって定められる
・裁判官に任命された者はトライブの他の職を兼務してはならない
・議長は，トライブ評議会における3分の2の特別多数の承認にしたがって，裁判業務を統括する責任を負い，トライブ裁判所の職務を明確にし，裁判所規則および訴訟規則を定めるにあたってトライブ評議会を支援する責任を負う首席裁判官を指名しなければならない。

第5節：パスクア・ヤキ・トライブの上訴審裁判所
・パスクア・ヤキ・トライブの上訴審裁判所は，トライブ評議会が設立する
・上訴審裁判所は，トライブ裁判所に上訴されたすべての民事および刑事事件を審理する裁判管轄権を有する
・上訴審裁判では，いかなる民事問題についても初めから審理をやり直すことはない
・刑事問題については，被告人の要求があれば，初めから審理をやり直す

第6節：裁判官不適格事由および免職手続
・合衆国裁判所もしくは州裁判所において，重罪，詐欺，資金横領について有罪とされたことがある者は，投票権が法的に回復しているか，有罪判決が抹消された場合を除き，トライブ裁判官になることができない
・公職就任期間に，重罪もしくは詐欺等の軽犯罪，あるいは資金横領について起訴された裁判所の職員は，トライブ裁判制度の公正を維持するため，評議会の3分の2以上の投票により刑事捜査が終了するまで停職にできる
・起訴された裁判官は，その者に対する処分に関するトライブ評議会の会議が行われる少なくとも10日前に係争中の告訴書面を受け取り，係争中の全て告訴内容について答弁する機会を与えられる
・詐欺もしくは資金の横領について有罪判決が下されたならば，当該裁判官は，判決の効力が生じる日にそのまま解任されなければならない

第7節：首席裁判官
・パスクア・ヤキ・トライブ裁判所の首席裁判官は，第3条に定義されたパスクア・ヤキ・トライブの成員から選出されなければならない。
・首席裁判官以外の裁判官はその者が合衆国政府によって承認されたインディアン・トライブの成員であり，(1)トライブ裁判所の裁判官として5年以上の経験があ

り，(2)認定された法科大学院の卒業生でありトライブ裁判所において訴訟代理人もしくはトライブ裁判官としての1年以上の経験がある限り，この要件を満たさなくてもよい

第9条　トライブ選挙
第1節：選挙規則
・本憲法の発効から30日以内に，現職のトライブ評議会はすべてのトライブ選挙の実施を管理するための選挙条例を採択しなければならない
・選挙条例は，有権者登録に関する規定，秘密投票，投票所の場所の設定，投票資格の証明，候補者の推薦，選挙に関する論争を解決するための手順等を定める
・同条例は，最初に実施されるトライブ選挙の少なくとも60日前に公示される
・法令には，リコールの実施，選挙の直接請求および直接投票，そして請願の提出に対する統一的手続が含まれることとする。
・本憲法の修正に関する選挙は，本憲法第23条にしたがって実施される
第2節：トライブ選挙権
・18歳以上のトライブの成員で，トライブ投票人登録を行ったすべての成員に，トライブ選挙における投票権が与えられなければならない。

第10条　公職の解任，リコールおよび辞任
第1節：解任
・トライブ評議会の成員，議長および副議長，トライブ役員，トライブ裁判所の裁判官で，任期内に合衆国裁判所もしくは州裁判所で重罪の判決を受けた，または詐欺もしくは資金の横領に関する犯罪に関与した，あるいは職務怠慢または職権乱用に関与した者は，トライブ評議会の3分の2以上の投票によって公職から解任されることがある。
・解任のための投票がなされる前に，告発された者は，トライブ評議会の10日以上前に，告発に関する書面を受け取る
・本条項にしたがった解任の手続は，有罪判決に対する上訴がなされるまで，すすめられてはならず，もしなされた場合は無効とされる
　トライブ評議会の評議員は，自身の解雇に関する会議において議長にはなることができない

・トライブ評議会の評議員は，自身の解雇に関する投票に参加できない
・解任が求められている者は，所定の評議会会議において全ての告発について答弁し，書類を提示し，自身に有利となる証人を召喚する機会を与えられる

第2節：リコール
・パスクア・ヤキ・トライブの有権者は，少なくともその30%が署名した請願書を書記官に提出することにより，トライブの選出された公務員をリコールする権利を有する
・有請願が受理された場合，トライブ評議会は特別選挙を30日以内に実施する義務を負う
・選挙において，多数の票が役員のリコールに投じられた場合，その職位はただちに空席となる

第3節：空席
・選出もしくは任命されたトライブの公務員が死亡あるいは辞職した場合，その職位はそのまま空席となる

第4節：法令の採択
・パスクア・ヤキ・トライブ評議会は，本憲法の第9条に合致するようにこの条項を実施するために必要な法令を採択しなければならない。

第11条　欠員

第1節：欠員補充
・リコール，解任，死亡，辞職によってトライブ評議会，議長職，副議長職，裁判官に生じた空席は，45日以内に補充されなければならない

第2節：職務継承
・議長職に空席が生じた場合は，副議長が残りの任期もしくはトライブ評議会によって後任が選出されるまで職務を継承する
・副議長職に空席が生じた場合は，トライブ評議会の成員から，その多数決によって後任が選出される

第3節：特別選挙
・トライブ評議会に空席が生じた場合は，特別選挙によって成員が補充されなければならない
・次のトライブ選挙が空席の発生から6か月以内に行われる場合は，評議会は特別

選挙の実施を拒否し，その議席を空席のままにする裁量を有する
・もしも任期が6か月以上残っている場合は，その空席が生じてから45日以内に特別選挙が行われなければならない
・特別選挙で選出された候補者は，残っている任期の間のみ職を務める

第4節：トライブ裁判官の欠員
・トライブ裁判所において空席となっている裁判官の職位はいずれも，本憲法の第8条に定められたとおりに補充されなければならない
・空席を補充のために選出された裁判官は，残りの任期の間のみを務める

第12条　直接請求あるいは直接投票
第1節：成員の権利
・パスクア・ヤキ・トライブの成員は，直接請求権および直接投票権を有する
第2節：選挙の実施
・30%以上の登録有権者が署名した請願書がトライブの書記官に提出され，選挙が要求された場合，トライブ評議会は請願書受領から30日以内に選挙を告知し実施する
第3節：選挙による法律の制定
・トライブに関する法令は，投票者の賛成もしくは反対票に委ねられる
・法令がトライブ成員の総投票数の過半数によって承認された場合，本憲法と矛盾しないかぎりで法律は成立する
・その前提として，登録有権者の30%が選挙で投票すること
・法令の合憲性に関する審議は，トライブの上訴審裁判所において行われる

第13条　トライブの土地
・パスクア・ヤキ保留地はトライブの所有地である
・保留地は割当地として譲渡，あるいは私有地として分割することはできない
・トライブ評議会は，内務長官の承認にしたがって，成員が私用目的でトライブの土地を譲渡することを管理する譲渡条例を制定しなければならない

第14条　地域のヤキ集落
・全てのヤキ集落がトライブの活動に参加できるように，地域の集落に根差した組

織を設立することができる

第 15 条　行政官の義務
第 1 節：議長の義務
・議長は，トライブ評議会にトライブの現状に関する事項を報告し，トライブの利益の拡大に資すると思われることを推奨する
第 2 節：議長と法令
・議長は，トライブ評議会によって正式に採択された決議の法令を実施する
・議長はトライブの代表としてトライブ評議会の決議と本憲法で定められた制限事項にしたがって，行政を行う
・議長は，トライブ評議会によって採択された法令や決議に対する拒否権を有していない
第 3 節：議長の署名
・トライブの議長は，全ての書類，協定，契約，そして誓約にパスクア・ヤキ・トライブを代表して署名する
・議長は，副議長，秘書，会計係に署名を委託できる
・そのような委託は書面によってなされ，権限の委託者，目的，発効日がトライブ評議会で承認される
第 4 節：副議長の職務
・議長が不在の場合は，副議長が職務を遂行する
第 5 節：年間予算
・議長はトライブの年間予算の作成を管理し，トライブ評議会の会計年度内でもっとも近い通常議会に提出して承認を受ける
第 6 節：執務室
・議長と副議長は保留地内に執務室を持つ
・副議長は議長が義務や業務を遂行することを補助する

第 16 条　書記官と会計係の義務
第 1 節：書記官と会計係の選出
・書記官と会計係は，トライブ評議会から選出される

第2節：書記官と会計係の義務
・書記官と会計係の義務はトライブ評議会の法令によって制定される
第3節：監査
・会計係の帳簿や記録は毎年適格な独立監査人によって監査される
・監査は，トライブ評議会もしくは内務長官が監督する
・トライブと経済的な関係を有する個人や団体は，監査を行うことができない
第4節：資料の閲覧
・書記官と会計係の帳簿や記録は，通常の業務時間内に閲覧できる
第5節：資料の保管
・書記官および会計係の任期が満了となった場合，すべての記録や書類は，適切な行政部において保管されなければならない

第17条　就任の宣誓
・トライブの職に選出された者は，就任にあたって下のような職への宣誓を行う
・「私＿＿＿＿は，合衆国憲法および法律を支持および擁護し，私の力の限り，パスクア・ヤキ・トライブ憲法およびそれに従って採択された条例を支持および実施し，パスクア・ヤキ・トライブの最高の利益のために誠実かつ公平に自らの職責を果たすことを厳粛に誓う。」

第18条　会議と投票
第1節：評議会の通常会議
・トライブ評議会の通常会議は少なくとも月1回開かれる
・日時および場所はトライブ評議会が決定する
・全てのトライブ評議会会議は公示され公開される
・トライブ評議会は非公開会議へと移行することができ，当該手続も非公開とする
・トライブ評議会は上記に従うために必要な手続きを制定する法令を採択する
第2節：評議会の特別会議
・トライブ評議会の特別会議は，評議員の過半数によって書面で要求があった場合にのみいつでも開催できる
・トライブ評議会の空席は過半数の中に含められてはならない
第3節：評議会の過半数

・トライブ評議員の半数が職務上の定足数となる
・トライブ評議会の空席は過半数の中に含められてはならない
第 4 節：空席
・トライブ評議会の過半数もしくは 3 分の 2 以上の投票が求められている場合，評議会の空席は過半数を成す票には数えられない
・トライブ評議会に 5 つ以上の空席がある中で法令の制定や他の業務を行う場合は該当しない

第 19 条　条例と決議
第 1 節：条例
・トライブ成員の関心に対するトライブ評議会の最終決定が条例に具体化される
・当該条例は，登録されたトライブの成員によって閲覧および複写できるようにしておかなければならない
第 2 節：決議
・委員会の設立や，トライブの 1 年間の年間予算に対する議決，関心，規則に対するトライブ評議会における最終決定は，決議によって具体化される
・決議は正式に実行され，特別な帳簿に記録されることとし，その帳簿はトライブ成員が通常の業務時間内に閲覧できる

第 20 条：修正
・本憲法は連邦の法規に沿って内務長官が告知する特別選挙における登録有権者の過半数が賛成票を投じ，さらに少なくとも有権者の 30%が投票した場合，修正させ得る
・内務長官もしくは内務長官代理によって承認されるまではその修正が行われてはならない
・トライブ評議会の過半数の賛成もしくはトライブの有権者の 30%以上の署名による請求の受理された場合，内務省が選挙を告知する

第 21 条：留保条項
・パスクア・ヤキの暫定トライブ評議会によって採択された決議もしくは条例は，本憲法に反して撤回されない限り，効力を有し続けなければならない

第 22 条：可分条項
・本憲法の規定が無効，違反もしくは合衆国裁判所によって違憲であると判断された場合，その部分は分離され，本憲法の他の部分は効力を持ち続ける

第 23 条：採択
・本憲法は，1978 年 9 月 18 日の法律（92 Stat. 712）によって規定され，内務長官によって公示される
・連邦法に沿って開催される特別選挙においてパスクア・ヤキ・トライブの登録有権者の過半数の賛成によって採択され，内務長官によって承認された場合は内務長官の承認日をもって発効する
・選挙では有権者の 30%以上が投票しなくてはならない

第 24 条：主権免除
・トライブにおいて，トライブ評議会が特に訴訟に同意する法令を制定した場合を除いて，パスクア・ヤキ・トライブの公務員もしくは被雇用者は訴訟を免除される

第 25 条：選挙結果の証明
・インディアン局次官補ロス・O・スウィマーによる，1987 年 10 月 15 日付けの命令に基づいて，上述のパスクア・ヤキ・トライブ憲法は 1988 年 1 月 26 日にパスクア・ヤキ・トライブの適切な投票者によって提出された
・賛成 247，反対 161，分離したもしくは破損した票 2 によって正しく採択され，その選挙では 660 人の有権者のうち 30%以上が 1934 年 6 月 18 日のインディアン再編制法第 16 条（48 Stat. 984）改正に基づいて投票した

日付：1988 年 1 月 26 日

　私，インディアン局次官補ロス・O・スウィマーは，1934 年 6 月 18 日の内務省の法（48 Stat. 984）において与えられた権限の力において，そして 209 D. M. 8.3 による委任によって，パスクア・ヤキ・トライブ憲法をここに制定する。

インディアン局次官補

ロス・O・スウィマー
ワシントン DC

日付：1988 年 2 月 8 日

1）本憲法は 1988 年時点のものであり，2011 年 5 月現在，未だ改訂が続けられている。

付録3　パスクア・ヤキ・トライブ憲法(改正中)取締規則第7部：研究に関する事項

第7章第1項：研究からの保護[1]
・2008年5月14日に規定された

補助条項 A　一般条項
第10条：成文
・本法令は「2008年研究保護法」とする

第20条：認定と政策
・本法令は，研究審査の過程を定め，尊敬，平等，権利を尊重し，トライブにとっての利益と不利益を認識することによって，トライブと科学者または研究者との関係性を改善することを試みる

第30条：目的
　　本法令は以下を定める
・人々の文化とトライブの自然資源について，トライブの次世代を，承認されていない研究から守る
・研究と関連の活動がトライブに及ぼす害を減らす
・研究者に，研究活動をトライブ政府が管理し，全てのデータがトライブに帰属することを意識させる
・トライブが研究や分析に参加する
・保留地で行われた，もしくは成員を対象とした研究の資料収集やデータ管理，出版をトライブが管理する

第40条：定義
　　本法令の目的は以下の通りである

付録3　パスクア・ヤキ・トライブ憲法(改正中)取締規則第7部：研究に関する事項

- 「学術研究」とは教育的な内容を得る研究，もしくは大学等において教育活動に従事する者の活動の一環とする
- 「生物多様性」とは，遺伝子，種，景観，エコシステム等を含む
- 「生物発生的な資源」とは，植物，動物，菌類，細胞，遺伝子の生物学的および遺伝子資源を指す
- 「生物学的サンプル」とは，バクテリアや他の菌類，植物，動物，人体の組織等を含む
- 「商業目的」とは，売却，購入，取引等を指す
- 「文化研究」とは文化的対象に関する新旧の事実や仮説を明らかにすることを指し，や民族誌的および人類学的データ収集や，ビデオ撮影，考古学的調査，言語学的調査，民族史的調査を含む
- 「土着」とは，その土地に特有のものを指す
- 「先住民」とは西半球に元々住んでいて，特有の言語，文化，宗教を太古の昔から持つ人々を指す[2)]
- 「研究成果」とは，報告書，記事，論文，本，原稿，音声データ，映画，ビデオ，インタビュー，データベース，フィールドノート，イラスト，写真，レプリカ等を指す
- 「研究」とは，識別，描写，分類，収集，編集，録音，分析，出版等を指す
- 「研究」には，農学，考古学，天文学，生物学，民族植物学，環境学，民族誌，歴史学，言語学，古生物学，医学，写真，心理学，社会学，神学，ビデオ撮影等が含まれる
- 「保留地」とは，パスクア・ヤキ・トライブの所有地を指す
- 「RRC」とは，この法令に基づく研究審査委員会を指す
- 「禁忌，神聖なもの」とは，場所，名称，知識，伝統，物品，慣習等を指す
- 「伝統的な先住民の知財」とは，先住民の文化的情報，知識，慣習等，太古の昔から行われたものを指し，下のものを含む
- 歴史や伝統の知識
- 文化的景観
- 歴史的および文化的価値のある現代の出来事
- 神聖な所有物，例えば画像，音声，知識，素材，文化，その他
- 動植物，土壌，鉱物等の使用

- 有用な種の準備，工程，貯蔵の知識
- 1つ以上の材料の配合の知識
- 固有種に関する知識
- エコシステム保護に関する知識
- 土地に附属する生物遺伝子的資源
- 組織，細胞，DNA等生物遺伝子，たんぱく質，その他トライブ成員の人体の情報
- 文化財，例えば画像，音声，工芸，芸術，表象，モチーフ，名称，舞踊など
- 動植物，昆虫の分類学的知識
- ヤキ語の知識
- 「文化的知識の権利」とは，個人が情報の使用やアクセスに対して制御できる力を指す
- 「トライブ成員」とは，パスクア・ヤキ・トライブへの登録者を指す
- 「トライブ」とは，パスクア・ヤキ・トライブを指す

第50条：研究審査委員会の設立
　研究審査委員会は以下によって構成される
- 受け入れ部門の長
- 文化保護局代表者
- コミュニティの人々
- 長老
- トライブ内の研究に関する専門家
- コミュニティの人々や長老は，議長の指示によってこの委員会に属する
- 研究審査委員会は下の義務と責任を負う
- 保留地内で行われる研究に関する計画書の審査
- 研究審査委員会の規則の提案
- 他のトライブ内のプログラムや部，成員の意見への配慮
- 計画書への推薦をトライブ評議会に行って承認を得ること
- トライブのデータに関する所有権その他に関する情報を研究者に伝えること
- 研究への賛同に関して用語や条件を話し合い，トライブ評議会がそれらを実行することに賛同すること

第60条：研究審査委員会の原則
　研究審査委員会は，研究計画書を検証するにあたって，下の原則に従う
- 以下の全てが開示され，許可されなくては研究を開始させない
- 研究の潜在的な利益と不利益
- 個人もしくは団体が適切な機関に属していること
- 研究資金の提供者
- トライブおよびコミュニティへの主要な短期的リスクと利益：短期的に利益が出る上，利益がリスクを上回ること
- 機密保護の原則：トライブとコミュニティは，出版物への情報掲載を拒否する権利を持つ
- 研究者がトライブを尊重すること
- コミュニケーションに当たっては，適宜通訳を利用するなど，地域の言語を使用すること
- エンパワメント：トライブと研究者が研究に関する権限を分け合ぃ，トライブの要求が平等かつよい方法で満たされること
- 平等：研究者とトライブが研究資源(研究資金，民族の知識，ネットワーク，人物，政治的もしくは社会的な力)を共有すること
- 相互尊重：研究者とトライブが互いを尊重すること
- 優先権利：先住民側が，空気，土地，水路等の自然資源の権利を持つ
- 民族自決：先住民が自らに関する決定を下す
- 妥協できない事項：文化，自然，景観等，先住民として妥協できない事項があることを研究者に示すこと
- 伝統的な自然との関係：先住民として文化，神話，精神世界に基づいた独自の自然との関わり方があり，それを尊重すること

第70条：一般的な要件
　パスクア・ヤキ保留地内で研究を行う際は，以下の手続きを経る
- 研究審査委員会に研究計画書を提出する
- トライブと研究協定を締結する
- 研究許可証を提出する
- トライブ評議会の許可を得る

第80条：研究計画書要件
　研究審査委員会は，研究計画書の定型書式を作成し，どのような情報を提供すべきか定める
・研究計画書は，少なくとも片面5枚に渡ること
・研究計画書に以下が含まれること
・論点，問題，研究課題を示し，仮説があれば同時に示すこと
・トライブへの短期的利益について説明すること
・研究手法を示すこと
・参加者の募集方法
・参加者の同意を得る方法
・調査対象，場所，調査過程，収集される情報の種類
・機密性を示すこと
・どのような場面で機密性が必要になるか説明すること
・参加者がどのように機密性に関して知らされるか示すこと
・トライブのコミュニティが求める場合は，情報開示すること
・参加者に個人情報を保護すること
・情報およびサンプルの処分について
・参加者がサンプル使用に関する情報を知ること
・収集されたサンプルを使って研究者が何をするのか示すこと
・参加者各個人が自らの調査結果について知ること
・収集されたデータの分析過程が審査委員会と共有されること
・収集されたデータがコミュニティに公開されること
・リスクについて
・法的，経済的，社会的，身体的，または心理的に潜在的なリスクを示すこと
・トライブへの文化的，社会的，経済的，政治的なリスクを査定すること
・潜在的なリスクとリスクを越える利益を参加者に説明すること
・研究資金と予算
・研究が公的もしくは私的な助成金を受ける時は，資金提供元がいかに機密性を保ちえるか説明すること
・まだ助成を受けていない場合は，助成を受け得る団体を全て示すこと
・平等性

- 研究者とトライブが平等な立場として研究に携わる
- 研究資料のコピーを提供すること
- 著者や共著者になること，もしくは謝辞に含められること
- 印税の支払い
- 著作権，特許，商標
- インタビュー，助言への謝金
- 訓練，教育，アウトリーチ活動その他への資金提供
- 承諾
- 調査対象個人もしくはトライブ政府からインフォームドコンセントを得ること
- エンパワメント
- 調査を通じてトライブ成員が雇用，訓練，アウトリーチ等の方法で利益を得ること
- 知財権
- 申請書に出版または調査結果の商業的利用について記すこと
- 出版または商業的利用が生じた場合，トライブのコミュニティと研究者がどのように著作権等を共有するか示すこと
- トライブ成員が調査結果にアクセスできる方法を示すこと
- 該当する場合，機関審査委員会[3]の人権に関する許可書を審査委員会に提出すること
- 審査料
- 申請者は50ドルの審査料を支払うこと

第90条：研究計画書の審査と審査過程
- 研究計画書は，研究開始の45日以上前に提出されること
- 研究計画書は審査委員会への提出前に完成され，審査料と共に提出されること
- 審査委員会は以下のような判定を行う
- 情報の追加や修正の要求と共に研究計画書を返却
- トライブ成員，トライブの長老，専門家，技術者等に意見を求める
- 研究者に対してヒアリングを行う
- トライブ評議会に承認もしくは非承認の意見を求める

第100条：審査委員会による推薦
・審査委員会は全ての研究計画書に対して審査結果をまとめる
・審査委員会はその結果をトライブ評議会に提出する
・審査委員会の結果は3営業日以内に申請者に知らされる
・最終結果を下すのはトライブ評議会である

第110条：トライブ評議会による承認
・トライブ評議会が研究計画書に対する最終判断を行う
・トライブ評議会は審査委員会の判断を参考に審査を行う
・承認に伴って，研究者はトライブ法に定められた許可書やライセンスを取得する

第120条：申請者への通知
・トライブ評議会による研究の認可もしくは非認可は書面で通知される

第130条：研究の合意
・文化や参加者が尊重されるべく，各研究に対して別の合意書が作成される
・研究が商業的なものである場合，別の合意書が作成される
・研究が商業的なものである場合，参加者との間に謝金の契約を行うのは研究者の責任である
・保留地の外に持ち出されるサンプルの量には規制がある
・非商業的利用，もしくは伝統的知識に関する調査には，学術的調査合意書が必要となる
・研究者がトライブからの承認を得た場合，書面に記された期間のみ調査が可能である
・期間終了後には，研究者は研究結果の要旨を提出しなくてはならない
・研究が期間内に終了しなかった場合，期間延長の手続きが必要となる
・調査合意書の実行にあたって，研究者は研究許可書を得なくてはならない

第140条：研究許可書
・研究審査委員会は，研究許可書申請の定型書式を作成すること
・研究審査委員会は，研究者の氏名，研究内容，調査地，有効期間が記された研究

許可書の定型書式を作成すること
・研究許可書の申請書式は審査委員会もしくはトライブ秘書室で受け取ることができる
・研究許可書は常に携帯すること
・研究許可書は議長，受け入れ部門，もしくは研究審査委員会によって一時停止もしくは廃止されることがある
・一時停止もしくは廃止の決定は覆されることがない

第150条：審査過程の完了
・研究者が審査委員会からの結果通知を受け取り，研究合意書が締結された時点で完了する
・合意に際して，研究代表者，研究者，大学院生その他の関係者は，研究開始以前に，自らの資金においてパスクア・ヤキの文化に関して保留地内外でトライブ成員から学ばなくてはならない
・審査委員会は研究内容によって課徴金を課すことがあり，それは研究終了後に返金される

第160条：承認された研究内容の変更
・研究計画に変更が生じた際は，研究審査委員会に届け出ること
・情報収集方法に変更が生じた場合は，研究審査委員会を通じてトライブ評議会に承認を求めること
・変更の承認がなされるまでは研究を行ってはならない

第170条：生物学的サンプルの規制
・生物学的サンプルを収集，入手，分析しようとするものは，下の規則に従うこと
・トライブは生物学的調査から撤退し，サンプルの返却を求める場合がある
・研究の完了，中断，廃止の場合，生物学的サンプルはトライブに返却されなくてはならない
・トライブの許可なしに生物学的サンプルが他の研究者や機関に譲渡されてはならない
・トライブが生物学的サンプルを別の場所に保管することを許可した場合，研究者

はサンプルのリストと情報を保管しなくてはならない
・生物学的サンプルが研究者の手を離れる事態が生じた場合は，トライブと関係者の間に合意がなされなくてはならない
・トライブ成員から得られた生物学的サンプルによって特許が取得されたり，それが商業的に利用されたりしてはならない

第180条：留保と廃止
　トライブは以下の権利を持つ
・認定されていない研究，無神経な研究，トライブに関して誤った情報を含んでいる，またはステレオタイプ的に描いている研究，トライブの人々の健康，安全，福祉を害する研究の廃止や出版禁止
・研究者がトライブの権限が及ぶ場所で研究を行うことの拒否，またその研究者が所属する機関に所属する研究者の将来の研究の拒否
・個人もしくはトライブに有害な研究計画の撤回
・保留地から個人を締め出すこと
・保留地に繰り返し侵入する個人の拘束
・研究計画が廃止された場合，研究者は研究協力者に謝金を払わなくてはならない
・この条例はトライブ成員による自らのコミュニティーの研究には適用されない

第190条：出版
・全ての出版物はトライブ評議会で承認されなくてはならない
・トライブ評議会は出版物を認可する基準を設けなくてはならない
・トライブ評議会の決定は覆されない

補助条項B　施行，救済方法
第200条：禁止行為
・研究審査委員会およびトライブの承認なしに研究を始めてはならない
・トライブによる研究許可書得ずして研究を始めてはならない
・許可なしに生物学的サンプルを収集，入手，分析してはならない
・生物学的サンプルや先住民の伝統的知財に手を加えたり傷つけたりしてはならない

・保留地の動植物および景観に対して，生物多様性，生物発生，先住民の伝統的知財に関する調査をおこなってはならない
・生物多様性，生物発生，生物学，先住民の伝統的知財に関するサンプルを売買，公刊，輸送，保有してはならない

第210条：罰則
・刑事上の罰則：本法令に反した者は，5000ドル以内の罰金か，1年間の収監，もしくはその両方の対象となる
・民事上の罰則：本法令に反した者は，5000ドル以内の罰金か，連邦法に定められた罰則の対象となる場合がある
・罰則を課す前にヒアリングを行うものとする
・裁判はトライブ法廷で行われるものとする
・本法令に反した者は，保留地内もしくはトライブが関連する場所で営利活動や研究を行うことが禁じられる
・トライブ成員以外で本法令に反した者は，保留地から締め出される
・民事的損害(損害の査定)：本法令に反した者は，パスクア・ヤキ・トライブ法廷の査定する，以下に規定するような損害の責任を負う
　・弁償や補修の費用
　・本法令施行にかかる費用
　・文化的な物品の保護，保管，埋葬にかかる費用(トライブ法廷は，実際の損害額の3倍までの費用を請求できる)
・没収：本法令に反して収集された物品は，トライブによる没収の対象となる
・本法令に反した者は，トライブによる裁判の開催にかかる費用や，トライブ法の定める罰金を支払わなくてはならない

第220条：執行
・司法部がこの法令を施行する権限を持つ

補助条項C　その他
第230条：可分性
・本法令の規定がトライブ法廷によって無効とされた場合，その規定は可分され得

る

第 240 条：対立する法や規則の廃止
・本法令と対立する法や規則は廃止される

第 250 条：免除
・個人，トライブ役員，トライブ従業員を含め，本規定から免除される者はいない

1) パスクア・ヤキ・トライブ，トライブ法典 http://www.pascuayaquitribe.org/departments/attorneygeneral/tribalcodes/index.html に掲載。(2011 年 11 月 15 日閲覧。)
2)「土着」「先住民」は，英語ではどちらも "Indigenous" という単語となる。
3) 米国の場合，調査を実施する前に，所属機関内で承認を得なくてはならない場合が多い。

文 献 一 覧

〈文献〉

Albanese, Catherine L. *Nature Religion in America: From the Algonkian Indians to the New Age*. Chicago, IL: The University of Chicago Press. 1990.

Albers, Patricia C. "From Legend to Land to Labor: Changing Perspectives on Native American Work," in Alice Littlefield & Martha C. Knack eds. *Native Americans and Wage Labor: Ethnohistorical Perspectives*. Norman, OK and London: University of Oklahoma Press. 1996. 245-273.

Aleinikoff, Thomas Alexander, David A. Martin and Hiroshi Motomura eds. *Immigration and Citizenship: Process and Policy*. 5th ed. St. Paul, MN: Thomson West. 2003.

Black, John A. *Arizona: The Land of Sunshine and Silver, Health and Prosperity, the Place for Ideal Homes*. Phoenix, AZ: Republican book and job print. 1890.

Blacky, George T. *Creating a Hoosier Self-Portrait: The Federal Writers' Project in Indiana, 1935-1942*. Bloomington and Indianapolis, IN: Indiana University Press. 2005.

Briggs, Vernon M. *Immigration Policy and the American Labor Force*. Baltimore, MD: The Johns Hopkins University Press. 1984.

Browner, Tara. *Heartbeat of the People: Music and Dance of the Northern Pow-Wow*. Urbana, IL and Chicago: University of Illinois Press. 2002.

Bsumek, Erika Marie. "Exchanging Places: Virtual Tourism, Vicarious Travel, and the Consumption of Southwestern Indian Artifact," in Hal K. Rothman ed. *The Culture of Tourism, the Tourism of Culture: Selling the Past to the Present in the American Southwest*. Albuquerque, NM: University of New Mexico Press. 2003. 118-139.

Bryant, Keith L. Jr. "The Atchison, Topeka and Santa Fe Railway and the Development of the Taos and Santa Fe Art." *The Western Historical Quarterly*. 9(4), Oct. 1978. 437-453.

Byrkit, James W. "Land, Sky, and People: The Southwest Defined." *Journal of the Southwest*. 34(3), Autumn 1992. 257-387.

Carson, Donald W. and James W. Johnson. *Mo: The Life & Times of Morris K. Udall*. Tucson, AZ; The University of Arizona Press. 2004.

Castile, George Pierre. "Yaquis, Edward H. Spicer, and Federal Indian Policy: From immigrants to Native Americans." *Journal of the Southwest*. 44(4), 2002. 383-435.

Collins, William. *The New Deal in Arizona*. Phoenix, AZ: Arizona State Parks Board. 1999.

Creelman, James. *Diaz, Master of Mexico*. New York, NY: D. Appleton and Company. 1911.

———. "President Diaz: Hero of the Americas." *Person's Magazine*. XIX, March 1908, en No. 3 in prólogo por José Ma. Luján, Traducción de Mario Julio del Campos. *Entrevista Díaz-Creelman*. México: Universidad Nacional Autónoma de México. 1963.

Deloria, Phillip J. *Playing Indian*. New Heaven, CT and London: Yale University Press. 1998.

De Mille, Richard. *Castaneda's Journey: The Power and the Allegory*. Santa Barbara, CA: Capra Press. 1976.

———. ed. *The Don Juan papers: Further Castaneda controversies*. Santa Barbara, CA: Ross-Erikson. 1980.

Desmond, Jane C. *Staging Tourism: Bodies on Display from Waikiki to Sea World*. Chicago and London: The University of Chicago Press. 1999.

Dilworth, Leah. *Imaging Indians in the Southwest: Persistent Visions of a Primitive Past*. Washington D. C. and London: Smithsonian Institution Press. 1996.

Duarte, Marisa. "A Message from Don Juan's Granddaughter." *In Posse Review*. Issue 17, 2001.

Endrezze, Anita. *Throwing Fire at the Sun, Water at the Moon*. Tucson, AZ: The University of Arizona Press, 2000.

Erickson, Winston P. *Sharing the Desert: The Tohono O'odham in History*. Tucson, AZ: The University of Arizona Press. 1994.

Evans, Sterling. "Yaquis vs Yanquis: An Environmental and Historical Comparison of Coping with Aridity in Southern Sonora." *Journal of the Southwest*. 40(3), 1998. 363-396.

Ewers, John C. "Ethnological Report on the Chippewa Cree Tribe of the Rocky Boy Reservation and the Little Shell Band of Indians." *Chippewa Indians VI*. New York and London: Garland Publishing. 1974. 9-182.

Fikes, Jay Courtney. *Carlos Castaneda: Academic Opportunism and the Psychedelic Sixties*. Victoria, BC, Canada: Millenia Press. 1993.

Fontana, Bernard L. "The Papago Tribe of Arizona." *Papago Indians III*. New York and London: Garland Publishing. 1974. 151-226.

Francaviglia, Richard. "Elusive Land: Changing Geographic Images of the Southwest," in

Richard Francaviglia & David Narrett eds. *Essays on the Changing Images of the Southwest*. Arlington, TX: University of Texas at Arlington. 1994. 8-39.

Freebairn, Donald K. "The Dichotomy of Prosperity and Poverty in Mexican Agriculture." *Land Economics*. 45(1), February 1969. 31-42.

Gibson, A. M. *The Kickapoos: Lords of the Middle Border*. Norman, OK: University of Oklahoma Press. 1963.

Giddings, Ruth Warner. *Yaqui Myths and Legends*. Tucson, AZ: The University of Arizona Press, 1959.

Glanz, Dawn. *How the West Was Drawn: American Art and the Setting of the Frontier*. Ann Arbor, MI: UMI Research Press. 1978.

Goldberg, Carole. "Members Only? Designing Citizenship Requirements for Indian Nations." *Kansas Law Review*. April 2002.

Hahndorf, Shari M. *Going Native: Indians in the American Cultural Imagination*. Ithaca, NY and London: Cornell University Press. 2001

Haury, Emil W. *The Hohokam: Desert Farmers & Craftsman*. Tucson, AZ: The Univesity of Arizona Press, 1978.

Hernández Navarro, Luis. "Movimiento Indígena: Autonomía y Representación Política," in Singer Sochet ed. *México: Democrácia y Perticipación Política Indígena*. México D. F.: Gernika. 2007. 75-107.

Hertzberg, Hazel W. *The Search for an American Indian Identity: Modern Pan-Indian Movements*. Syracuse, NY: Syracuse University Press. 1972.

Hirsch, Jerrold. *Portrait of America: A Cultural History of the Federal Writer's Project*. Chapel Hill, NC and London: The University of North Carolina Press. 2003.

Holden, W. C., C. C. Seltzer, R. A. Studhalter, C. J. Wagner and W. G. McWilliam eds. *Studies of the Yaqui Indians of Sonora, Mexico*. Texas Technological College Bulletin, Scientific Series No. 2, vol. XII, no. 1, January 1936.

Immigrant Policy Project, "State and Local Coalition on Immigration," Ann Morse eds. *America's Newcomers: An Immigration Policy Handbook*. Washington D.C.: National Conference of State Legislature. 1994.

Instituto Nacional de Estadística y Geografía. *Perfil Sociodemográfico de la Población que Habla Lengua Indígena*. Aguas Calientes: AG, Mexico. 2009.

Jackson, Earl. *Tumacacori's Yesterdays*. Globe, AZ: Southern Parks and Monuments Association. 1951.

Janetski, Joel C. *Indians in Yellowstone National Park*. Salt Lake City, UT: The University of Utah Press. 2002.

Jenkins, Phillip. *Dream Catchers: How mainstream American discovered Native Spiritual-*

ity. New York, NY: Oxford University Press. 2004.

Jones, Maldwyn Allen. *American Immigration*. Second Edition. Chicago, IL and London, UK: The University of Chicago Press. 1992.

Josephy, Alvin Jr., Joane Nagel, and Tory Johnson eds. *Red Power: The American Indians' Right for Freedom*. Lincohn, NE and London, UK: University of Nebraska Press, 1971.

Keller, Robert H. and Michael F. Turek. *American Indians & National Parks*. Tucson, AZ: The University of Arizona Press. 1998.

Kelly, Jane Holden. *Yaqui Woman: Contemporary Life Histories*. Lincoln, NB and London, UK: University of Nebraska Press. 1978.

Kelly, William H. "The Papago Indian of Arizona." *Papago Indians III*. New York and London, UK: Garland Publishing. 1974. 9–149.

Kent, Rolly. *Spirit, hurry*. Lewiston, ID: Confluence Press. 1985.

Kidwell, Clara Sue and Alan Velie. *Native American Studies*. Lincoln, NE: University of Nebraska Press. 2005.

King, Desmond. *Making Americans: Immigration, Race and the Origin of the Diverse Democracy*. Cambridge, MA: Harvard University Press. 2000.

Knack, Martha C. and Alice Littlefield. "Native American Labor: Retrieving History, Rethinking Theory," in Alice Littlefield & Martha C. Knack eds. *Native Americans and Wage Labor: Ethnohistorical Perspectives*. Norman, OK and London: University of Oklahoma Press. 1996. 3–44.

Kolaz, Thomas M. "Yoeme Pascola Mask from the Tucson Communities: A look Back." *American Indian Art Magazine*. 32(3), 2007. 50–106.

Latorre, Felipe A. & Dolores L. Latorre. *The Mexican Kickapoo Indians*. Austin, TX and London: University of Texas Press. 1976.

LeSeur, Geta. *Not All Okies are White: The Lives of Black Cotton Pickers of Arizona*. Columbia, MO and London: University of Missouri Press. 2000.

Luna-Firebaugh, Eileen M. "The Border Crossed Us: Border Crossing Issues of the Indigenous Peoples of the Americas." *Wicazo Sa Review*. 17(1), Sovereignty and Governance, I, Spring, 2002. 159–181.

Lusty, Terry. "Where Did the Ojibwe Dream Catcher Come from?" *Alberta Sweetgrass*. 8(4), Mar 31, 2001. 19.

Mangione, Jerre. *The Dream and the Deal: The Federal Writers' Project, 1935–1943*. Tronto, Canada: Little, Brown and Company. 1972.

Martínez, Oscar J. *Mexican-Origin People in the United States*. Tucson, AZ: The University of Arizona Press. 2001.

Mattern, Mark. "The Powwow as a Public Arena for Negotiating Unity and Diversity in American Indian Life," in Duane Champagne ed. *Contemporary Native American Cultural Issues*. Walnuts Creek, CA: Alta Mira Press. 1999. 129-143.

McCloud, Sean. "New and Alternative American Religions: Changes, Issues, and Trends," in Charles H. Lippy ed. *Faith in America: Changes, Challenges, New Directions. Volume 1. Organized Religion Today*. Westport, CT and London: Praeger. 2006. 227-247.

McLynn, Frank. *Villa and Zapata: A Biography of the Mexican Revolution*. London: Jonathan Cape, 2000.

Merriam, James F. *Report of James F. Merriam on the Yaqui Land Grant*. Sonora and Sinaloa Irrigation Company. 1892.

Miller, Mark Edwin. *Forgotten Tribes: Unrecognized Indians and the Federal Acknowledgement Process*. Lincoln, NE: University of Nebraska Press. 2004.

Miller, Willard E. and Ruby M. Miller. *United States Immigration*. Santa Barbara, CA, Denver, CO and Oxford: ABC-Clio. 1996.

Moisés, Rosalio. *The Tall Candle: The Personal Chronicle of a Yaqui Indian*. Lincoln, NE and London, UK: University of Nebraska Press. 1971.

Noel, Daniel C. ed. *Seeing Castaneda: Reactions to the "Don Juan" Writings of Carlos Castaneda*. New York: Capricon Books. 1976.

Nye, Wilbur Stuwart. *Bad Medicine & Good: Tales of Kiowa*. Norman, OK: University Oklahoma Press, 1997.

Oates, Joyce Carol. "Letter to the New York Times Book Review; Letter to Daniel C. Noel; Don Juan's Last Laugh," ©1974 by the author, originally printed in *Psychology Today*, September 1974. In Daniel C. Noel ed. *Seeing Castaneda: Reactions to the "Don Juan" Writings of Carlos Castaneda*. New York: Capricon Books, 1976, 122-128.

Ogunwole, Stella U. *We the People: American Indians and Alaska Natives in the United States: Census 2000 Special Reports*. U.S. Department of Commerce, U.S. Census Bureau. February, 2006.

Orsi, Richard J. *Sunset Limited: The Southern Pacific Railroad and the Development of the American West 1850-1930*. Berkeley, Los Angeles & London: University of California Press. 2005.

Painter, Muriel Thayer. *With Good Heart: Yaqui Beliefs and Ceremonies in Pascua Village*. Tucson, AZ: The University of Arizona Press. 1986.

Pandilla, Stan. *Deer Dancer: Yaqui Legends of Life*. Summertown, TN: Book Publishing Company, 1998.

Parman, Donald L. *Indians and the American West in the Twentieth Century*. Bloomington and Indianapolis, IN: Indiana University Press. 1994.

Peters, Kurt M. "Watering the Flower: Laguna Pueblo and the Santa Fe Railroad, 1880-1943," in Alice Littlefield & Martha C. Knack eds. *Native Americans and Wage Labor: Ethnohistorical perspectives*. Norman, OK and London: University of Oklahoma Press. 1996. 177-197.

Pitts, Wayne J. and Paul E. Guerin. "Indian Gaming in New Mexico: An Historical Overview With Implications for Tourism," in Alan A. Lew & George A. Van Otten. *Tourism and Gaming on American Indian Lands*. New York: Cognizant Communication Corporation. 1998. 183-198.

Post, Anita C. "Obituary: Mrs. Phebe M. Bogan." *Hispania*. 10(4), Oct. 1927. 304.

Prins, Harald E. L. "Tribal Network and Migrant Labor: Mi'kmaq Indians: Mi'kmaq Indians as Seasonal Workers in Aroostook's Potato Fields, 1870-1980," in Alice Littlefield and Martha C. Knack eds. *Native Americans and Wage Labor: Ethnohistorical perspectives*. Norman, OK and London: University of Oklahoma Press. 1996. 45-65.

Prucha, Francis Paul. *The Great Father: The United States government and the American Indians*. Lincoln, NB: University of Nebraska Press. 1986.

Quater, Florence. *Southern Arizona Discovery: A Historical and Contemporary Guide to Southern Arizona. 1976/1977*. n.d.(推定 1976 年) Bancroft Library, University of California, Berkeley.

Quinn, Frederick. *The Sum of All Heresies: The Image of Islam in Western Thought*. New York: Oxford University Press. 2008.

Ramirez, Iz. *Bob the Lizard*. Freedrich, MD: Publish America. 2009.

Reisler, Mark. "Always the Laborer, Never the Citizen: Anglo Perceptions of the Mexican Immigrant During the 1920s." *The Pacific Historical Review*. 45(2), 1976. 231-254.

Richards, H. M. M. Capt. *A Lebanonian Amongst a Strange People*. Lebanon: PA Lebanon County Historical Society, June 20, 1913.

Rock Island and Pacific Railway Company. *The Garden of Allah: Arizona, California*. Max Lau Colortype and Lithograph Corp. 1934.

Sánchez, Joseph P., Bruce A. Erickson and Jerry L. Gurulé. *Between Two Countries: A history of Coronado National Memorial 1939-1990*. Albuquerque, NM: Rio Grande Books. 2007.

Sandos, James A. "Northern Separatism during the Mexican Revolution: An Inquiry into the Role of Drug Trafficking, 1910-1920." *The Americas*. 41(2), 1984. 191-214.

Savala, Refugio. *The Autobiography of a Yaqui Poet*. Tucson, AZ: The University of

Arizona Press. 1980.

Schrader, Robert Fay. *The Indian Arts and Crafts Board*. Albuquerque, NM: Universty of New Mexico Press. 1983.

Sha'ban, Fuad. *Islam and Arabs in Early American Thought: Roots of Orientalism in America*. Durham, NC: Acorn Press. 1991.

Shumway, J. Mattew and Richard H. Jackson. "Native American Population Patterns." *Geographical Review*. 85(2), 1995. 185-201.

Silko, Leslie Marmon. *Almanac of the Dead*. New York: Penguin Books. 1992.

Singer Sochet, Martha. *Movimiento Indígena en México: Representación poderes y políticas*. México D. F.: Gernika. 2005.

Sonnichen, C. L. *Tucson: The Life and Times of an American City*. Norman, OK: University of Oklahoma Press. 1982.

Spicer, Edward H. *The Yaquis: A Cultural History*. Tucson, AZ: University of Arizona Press. 1980.

Szasz, Ferenc Morton. *Religion in the Modern American West*. Tucson, AZ: The University of Arizona Press. 2000.

TallBear, Kimberly. "DNA, Blood, and Racializing the Tribe." *Wicazo Sa Review*. 18(1), Spring 2003. 81-107.

Taylor, Bron R. and Gavin Van Horn. "Nature Religion and Environmentalism in North America," in Charles H. Lippy ed. *Faith in America: Changes, Challenges, New Directions. Volume 3, Personal spirituality today*. Westport, CT and London: Praeger. 2006. 165-190.

Thomas, Dianes H. *The Southwestern Indian Detours: The Story of the Fread Harvey/Santa Fe Railway Experiment in 'Detourism.'* Phoenix, AZ: Hunter Publishing Co. 1978.

Thornton, Russell. *American Indian Holocaust and Survival: A Population History since 1492*. Norman, OK and London: University of Oklahoma Press. 1987.

Timothy, Dallen J. *Tourism and Political Boundaries*. London, UK and New York: Routledge. 2001.

Townsend, William Cameron. *Lazaro Cardenas, Mexican President*. Ann Arbor: George Wahr Publication. 1952.

Trennert, Robert A. Jr. *The Phoenix Indian School: Forced Assimilation in Arizona, 1891-1935*. Norman, OK, and London: University of Oklahoma Press. 1988.

Trimble, Marshall. *Arizona: a Panoramic History of A Frontier State*. Garden City, NY: Doubleday & Company. 1977.

Turner, John Kenneth. *Barbarous Mexico*. Austin, TX: University of Texas Press. 1984, (初

版 1911.)

Valencia, Heather and Rolly Kent. *Queen of Dreams: The Story of a Yaqui Dreaming woman*. New York: Simon & Schuster. 1991.

Varela-Ruiz, Leticia T. *La musica en la Vida de los Yaquis*. Gobierno del Estado de Sonora, Secretaria de Fomento Educativo y Cultura. 1986.

Villaseñor, David and Jean Villaseñor. *Indian Designs*. Happy Camp, CA: Naturegraph Publishers. 1983.

Waldman, Carl. *Atlas of the North American Indian*. Revised Edition, New York, NY: Checkmark Books, 2000.

Weber, Devra. "The Oaxacan Enclaves in Los Angeles: A Photo Essay," *Journal of Southwest*. 43, 2001. 729-745.

Weigle, Marta. "From Desert to Disney World: The Santa Fe Railway and the Fred Harvey Company Display the Indian Southwest." *Journal of Anthropological Research*. 45(1), 1989. 115-137.

Well-Off-Man, John Phillip. *The History of Chief Rocky Boy and His Band and the Founding of Rocky Boy Reservation*. MA thesis. The University of Montana Missoula, 2007.

Wernitznig, Dagmar. *Going Native or Going Naive?: White Sharmanism and the Neo-Noble Savage*. Lanham, MD: University Press of America. 2003.

Whilden, Megan. "Singing the World: An Interview with Heather Valencia." *Palabora*. 25(2), 2000. 74-80.

Whitaker, Herman. *The Planter*. Amsterdam: Fredonia Books. First printed in 1909. Reprinted in 2002.

Wilson, Andrew W. "Technology, Regional Interdependence, and Population Growth: Tucson, Arizona." *Economic Geography*. Vol. 53, No. 4, Oct. 1977. 388-392.

Yang, Philip Q. *Ethnic Studies: Issues and Approaches*. Albany, NY: State University of New York Press. 2000.

Zucker, Norman L. "Refugee Resettlement in the United States: Policy and Problems." *Annals of the American Academy of Political and Social Science*. Vol. 467. The Global Refugee Problem: U.S. and World Response. May 1983. 172-186.

明石紀雄，飯野正子，田中真砂子．『エスニック・アメリカ——多民族国家における同化の現実』有斐閣選書，1984．

阿部珠理．『アメリカ先住民——民族再生に向けて』角川書店，2005．

石川栄吉，梅棹忠夫，大林太良，蒲生正男，佐々木高明，祖父江孝男．『文化人類学事典』弘文堂，1994．

内田綾子．『アメリカ先住民の現代史——歴史的記憶と文化継承』名古屋大学出版会，

2008.
大田早苗.『革命期メキシコ・文化概念の生成──ガミオ─ボアズ往復書簡の研究』新評論,2007.
岡田敦美.「ソノラ州ヤキ平野のメキシコ革命──水利紛争と民族紛争」『ラテンアメリカ・カリブ研究』第8号,2001,23-28.
国本伊代.『メキシコの歴史』新評論,2002.
ゴンザレス,マニュエル G., 中川正紀訳.『メキシコ系米国人・移民の歴史』明石書店,2003(原著出版1999.).
富田虎男,鵜月裕典,佐藤円編.『アメリカの歴史を知るための60章』明石書店,2000.
スチュアート ヘンリ.『民族幻想論──あいまいな民族,つくられた人種』解放出版社,2002.
古川久雄.「地域研究──実践知の新たな地平」『アジア・アフリカ地域研究』第1号,2001,119-128.
水野由美子.『〈インディアン〉と〈市民〉のはざまで──合衆国南西部における先住社会の再編過程』名古屋大学出版会,2007.
水谷裕佳.『米墨国境における先住民の伝統と現代──パスクア・ヤキを事例として』上智大学イベロアメリカ研究所,2006.
ラテンアメリカ協会.『ラテンアメリカ事典』ラテンアメリカ協会,1996.

(米国議会の資料)

United States Department of the Interior, Office of the Secretary. Territories, Arizona. *Smuggling of Arms to Yaqui Indians*. File No. 92. The National Archive at College Park, MD, Archives II, ARC Identifier 818245. 1907.(未出版,米国国立公文書館メリーランド分館蔵。)

United States. Senate. Committee on Foreign Relations. *Investigation of Mexican Affairs*. Vol. 1. 66th Cong., 1st and 2nd sess., 1919-1920.(未出版,米国議会図書館蔵。)

United States Department of the Interior, National Park Service. *Southwestern Monthly Monuments: Monthly report, January 1938*. 1938.

United States, House, Subcommittee on Indian Affairs of the committee on Interior and Insular Affairs. *A Bill: To Provide for the Conveyance of Certain Land of the United States to the Pascua Yaqui Association, Inc*. 88th Cong., 1st sess. H. R. 6233. May 9, 1963.(未出版,米国議会図書館蔵。)

United States, House of Representatives. Mr. Udall, from the Committee on Interior and Insular Affairs. *Providing for the Conveyance of Certain Land of the United States to the Pascua Yaqui Association Inc*. 88th Cong., 2nd sess. Report No. 1805. August

14, 1964.(未出版, 米国議会図書館蔵。)＊88th 2nd (a)とする。

United States., Senate. Mr. Hayden, from the Committee on Interior and Insular Affairs. *Providing for the Conveyance of Certain Lands to the Pascua Yaqui Association, Inc.* 88th Cong., 2nd sess. Report No. 1530. September 8, 1964.(未出版, 米国議会図書館蔵。)＊88th 2nd (b)とする。

United States Department of the Interior, National Park Service. *National Register of Historic Places Registration Form (Name of the Property: Pascua Cultural Plaza).* 2004.

United States, Senate, Select Committee on Indian Affairs. *Trust Status for the Pascua Yaqui Indians of Arizona.* 95th Cong., 1st sess. S. 1633. September 27, 1977. Washington: U.S. G.P.O. 1977.

92 Stat 712. Public Law 95-375. Sept. 18, 1978.

United States. Senate. Committee on Foreign Relations. Committee on Interior and Insular Affairs. *To Clarify the Citizenship Status of the Members of the Texas Band of Kickapoo Indians; To Provide for a Reservation for the Texas Band of Kickapoo; To Provide to Members of the Texas Band of Kickapoo Those Services and Benefits Furnished to American Indian Tribes and Individuals, and for Other Purposes, Inc.* 88th Cong., 1st and 2nd sess. H. R. 4496. October 30, 1981 and August 5, 1982. Washington: U.S. G.P.O. 1983.＊88th 1st and 2nd とする。

Hearing before the Select Committee on Indian Affairs, United States Senate, 104th Cong., 2nd sess. *To Settle All Claims of the Aroostook Band of Micmacs Resulting from the Band's Omission from the Maine Indian Claims Settlement Act of 1980.* March 28, 1990. Washington: U.S. G.P.O. 1990.

Hearing before the Subcommittee on Native America Affairs of the Committee on Natural Resources House of Representatives, 103rd Cong., 1st sess., on H. R. 734, *To Amend the Act Entitled "An Act to Provide for the Extension of Certain Federal Benefits, Services, and Assistance to the Pascua Yaqui Indians of Arizona, and for Other Purposes."* April 30, 1993. Washington: U.S. G.P.O. 1993.

Hearing before the Subcommittee on Native American Affairs of the Committee on Natural Resources, House of Representatives, 103rd Cong., 2nd sess. *H. R. 2549 A Bill to Establish Administration Procedures to Extend Federal Recognition to Certain Indian Groups, H. R. 4462 A Bill to Provide for Administrative Procedures to Extend Federal Recognition to Certain Indian Groups, and for Other Purposes, H. R. 4709 A Bill to Make Certain Technical Corrections, and for Other Purposes.* July 22, 1994. Washington: U.S. G.P.O. 1995.

U.S. Department of the Interior, Indian Arts and Crafts Board. *Painted Tipis by Contempo-*

rary Plains Indian Artists. Anadarko, OK: Oklahoma Indian Arts and Crafts Cooperative. 1973.

United States Census Bureau. *United States Census 2010*.

（アリゾナ州政府の資料）

Employment Security Commission of Arizona, Arizona State Employment Service. *Arizona Post-Season Farm Labor Report for 1962*. Phoenix, AZ. February, 1963.

（パンフレット等）

Cassidy, Asa. *The garden of Allah*, Souvenir Book. n. d.

Central Lyceum Bureau of Chicago. *The Government Official Indian Band: Organized by the U.S. government expressly for the Loisiana Purchase Exposition, St. Lois, 1904*.

Conoco Travel Bureau. *Arizona "The Egypt of America."* Denver: Conoco Travel Bureau 1933.

Federal Writer's Project "Pockets in America [graphic]" Created 1928-1938 (bulk 1937-1938.)（未刊）

Mission 66 for Coronado National Memorial, n.d. (filed among documents from 1956-1957), WACC, Folder D 18: Master Plan (Mission 66) F1. in Joseph P. Sanchêz, Bruce A. Erickson and Jerry L. Gurulê. *Between Two Countries: A history of Coronado National Memorial 1939-1990*. Albuquerque, NM: Rio Grande Books. 2007. 193-194.

Naglee Family Papers, Bancroft Library, University of California, Berkeley.

Petition for Land for the Relocation of Residents of Pascua Village of Tucson, Arizona. n.d.（推定1963年），アリゾナ歴史協会蔵。

Seis Años de Política Agraria del Presidente Adolfo López Mateos, 2. Mexican President Adolfo López Mateos, México: Departamento de Asuntos Agrarios y Colonización, 1964, in Joseph P. Sanchêz, Bruce A. Erickson and Jerry L. Gurulê. *Between Two Countries: A history of Coronado National Memorial 1939-1990*. Albuquerque, NM: Rio Grande Books. 2007. 74.

Souvenir of the California Midwinter International Exposition. 1984. Bancroft Library, University of California, Berkeley.

The Ceremonial Dances of the Yaqui Indians Near Tucson, Arizona. Arizona Historical Society, Phoebe M. Bogan Manuscripts, 1909-1926.

The Yaqui with Us. Arizona Historical Society, Phoebe M. Bogan Manuscripts, 1909-1926.

Tucson Chamber of Commerce. *Yaqui Indian Dances: Souvenir Folder*, Season 1928.

Arizona Historical Society.

What is Pow-Wow? (Reprinted from Indian Valley News by Alfred Mitre-Southern Paiute) バレホ(Vallejo)にて 2006 年 7 月 22 日，23 日に行われたパウワウ(Vallejo Inter-Tribal Coucil 11th Annual Powwow)で配布された資料。

Yaqui Copper Company. *Initial Report to the Stock Holders of the Yaqui Copper Company, Consisting of a Complete Report of Henry Ide Willey, Engineer of Mines, and Other Interesting Matter Referring to the Properties, Including Maps and Diagrams, Half-Tone Illustrations, etc.* New York: Yaqui Copper Company. 1903.

Yaqui Copper Company から J. P. Fiebig へ宛てられた書簡。Special Collection. University of Arizona Library. 1905.

パスクア・ヤキ協会からの手紙(題名なし)，Arizona Historical Society, Indians-Yaqui-New Pascua-Village フォルダ内，1960 年代。

Southern Pacific Railway. *America's Newest Foreign Playground.* 1938. Arizona Historical Society.

Pascua Yaqui Association. *New Pascua... New Hope...*, 1969.

Southern Pacific Company. *It's fun to go to California on the Sunset Limited.* (Duke University Libraries Digital Collections, Ad* Access) 1953.

―――. *Southern Arizona.* (University of Arizona Library, Special Collections, Pamphlet and Travel Brochures.) 1928.

―――. *A True Gish Story about Guaymas*, Mexico. n.d. Arizona Historical Society.

The Spur: A magazine of the good things in life. December, 1938 (reprint.) Arizona Historical Society.

Old Tucson. *Old Tucson, Arizona "Where the Wild West Lives Again."* 1965. Arizona Historical Society, Ephemera Files, Movie-1950s, 1960s and 1970s.

Tanner Motor Tours Ltd. of Arizona. *Tucson: Arizon's Most Scenic Motor Tours.* 1940. Arizona Historical Society.

(新聞，雑誌)

"Killed by the Yaqui Indians." *New York Times.* January 17, 1895. 1.

"On The Warpath Once More: The Yaqui Indians Murdering Whites and Destroying Property." *New York Times.* December 24, 1896. 1.

"Invisible Yaquis." *Arizona Daily Star.* August 5, 1899. n. pag.

"The Yaqui Indians." *San Francisco Chronicle.* August 6, 1899.

"Types of the Fighting Yaquis in War Dress." *San Francisco Chronicle.* August 12, 1899.

Kelly, Allen. "So Near, Yet So Far." *The Los Angeles Times.* August 19, 1899.

"Yaqui Indians Worse Than Ever: Have Taken the Aggressive and Thereby Compelled a Stop of Mining." *Los Angeles Times*. October 29, 1900. I3.

"Yaqui Warriors Wash off Their War Paint in the Los Angeles River Bottom." *The Los Angeles Times*. February 2, 1902.

"Dodging Hostile Yaquis." *The New York Times*. June 8, 1902.

Bonsal, Stephen (a.) "Mexico to Exterminate the Yaqui Indians." *The New York Times*. March 18, 1908.

Bonsal, Stephen (b.) "Mexico to Exterminate the Yaqui Indians." *The Washington Post*. March 18, 1908.

"Yaquis Seize Gen. Obregon; Mexico Rushes Troops; Rescue Ex-President; Hunt Kidnapped Yank and Captors. Bulletin. Yaqui Indians Reported to Have Captured Former President of Mexico." *Chicago Daily Tribune*. September 14, 1926. 1.

"Obregon in Train Taken by Indians: Ex-President's Release Effected by Troop of 1000 Sonora Men." *Los Angeles Times*. September 14, 1926.

"Letters from Citizen Readers." *Tucson Daily Citizen*. May 12, 1927.

"Arizona of Southland." *Los Angeles Times*. January 27, 1929.

Ren, Emma. "Roads Open Mexico to U.S." *The Washington Post*. March 1, 1931. MF1.

"The Yaquis and Public Work." *Arizona Daily Star*. June 5, 1931.

"Yaqui Indians Give Right to Remain in United States." *Arizona Daily Star*. September 22, 1931.

"Hunt Assures Yasqui Safety." *Arizona Daily Star*. September 23, 1931.

"Class Offered in Citizenship: WPA Project Will Assist Non-Citizens Prepare for Examinations." *Arizona Daily Star*. April 18, 1942. n. pag.

"Ancelmo Valencia is Part of Two Distinct Cultures." *Tucson Daily Citizen*. July 23, 1955. n. pag.

"Yaqui Were Political Refugees." *Arizona Daily Star*. November 12, 1962. n. pag.

"Indians without a Country Seek Help: Yaqui Expatriates Ending Long 'Hideout'." *Los Angeles Times*. January 30, 1970. A3.

"Yaqui Sage Calls 'Poverty Patrons' Bane of His People." *Arizona Daily Star*. March 6, 1970. n. pag.

"Living with Nature: Modern Man Can Learn from Indian." *Los Angeles Times*. January 21, 1973. GF1.

Kosek, Steven. "Big Mystery on Campus: The case for Carlos Castaneda." *Chicago Tribune*. May 19, 1974. F8.

"Editorials: American Yaqui Indians Facing Dilemma." *Arizona Daily Star*. September 26, 1975. n. pag.

"The Better Half." *Los Angeles Times*. July 4, 1976. 84D.

Times Magazine. "Don Juan and the Sorcerer's Apprentice," reprinted by permission from *Time*. In Daniel C. Noel ed. *Seeing Castaneda: Reactions to the "Don Juan" writings of Carlos Castaneda*. New York, NY: Capricon Books. 1976. 93–109.

Strachan, Don. "Debunking Castaneda on the 'Sold Basis of Bunches'." *Los Angeles Times*. February 6, 1977. Q3.

"U.S. Admission on Death Told; ATOM TESTS." *Los Angeles Times*. March 7, 1980. A1.

Hansen, Terri C. "BIA Defines Certain Tribes as 'Nonhistoric'." *News from Indian Country*. 8(7), April 15, 1994. 12.

Romero, Simon. "Peyote's Hallucinations Spawn Real-Life Academic Feud." *New York Times*. September 16, 2003. n. pag.

Gross, Greg. "Triple Fence alng Border would Split Indian Nation." *The Union-Tribune*. October 22, 2006.

Fears, Darryl and Kari Lydersen. "Native American Women Face High Rape Rate, Report Says: Tribes Often Lack Funds and Policing to Patrol Lands." *The Washington Post*. April 26, 2007.

Scarpinato, Daniel. "Ethnic Studies Ban Wins Panel OK." *Arizona Daily Star*. June 16, 2009.

Herreras, Mari. "Neighborhood Heartbreak: TUSD Considers Closing a Yaqui Community's School to Save Money." *Tucson Weekly*. May 20, 2010.

Huicochea, Alexis. "TUSD Closes Richey; Yaqui Tribe Upset." *Arizona Daily Star*. July 14, 2010.

McCombs, Brady. "Experts Go over SB1070's Key Points." *Arizona Daily Star*. May 2, 2010.

Parsons, Christi and Michael A. Memoli. "Obama: 'We Do not Have Time for This Kind of Silliness'." *Los Angeles Times*. April 27, 2011.

"Hectic Frontier Days Come Alive in The High Chaparral a New Color Television Series of Territorial Arizona." *Arizona Highways*. September 1967, Places-Arizona-Old Tucson-1960–1969, Ephemera File, AHS.

(画像)

"Indians employed on the construction of Hoover Dam as high-scalers. This group includes one Yaqui, one Crow, one Navajo and six Apaches.", 10/05/1932, ARC Identifier: 293745, U.S. National Archives and Records Administration (NARA,) NARA's Rocky Mountain Region (Denver) (NRGDA), Denver, CO.

Public School in Yaqui Village, Tucson. 題名，撮影者の情報なし。Bancroft Library, University of California, Berkeley. "Places-Pictures: Tucson: School: Yaqui (Pascua)" フォルダ内，年代不明。

"No. B8, Signing a Peace Compact." Yaqui Photograph Albums. 1908. カリフォルニア大学バークレー校，バンクロフト図書館蔵。

(映像)

Nez, Rachel J. *The Border Crossed Us*. Seattle: Native Voices, University of Washington. 2005.

Diamond, Neil. *Reel Injun: On the Trail of the Hollywood Indian*. Rezolution Pictures. 2009.

あとがき

　本書の発刊は，多くの方々のご助言やご助力なしには起こりえなかった。お世話になった方々は数え切れず，全員のお名前を掲載することができないが，一部の方のお名前をこの場を借りてご紹介したい。

　まずは，本書の企画および出版を誰よりも応援してくださった，北海道大学アイヌ・先住民研究センター長の常本照樹先生に御礼を申し上げたい。

　本書の基となった博士論文(2009年3月，上智大学外国語学研究科地域研究専攻に提出)の執筆にあたっては，赤堀雅幸先生，谷洋之先生，大越翼先生，本多俊和(スチュアート・ヘンリ)先生にご指導頂いた。

　また，原稿の改訂にあたっては，村田勝幸先生，飯島真里子先生，落合研一先生にご助言を賜った。

　さらに，カリフォルニア大学バークレー校における3年間の在外研究なしには，博士論文や本書の執筆は成らなかった。同校のエスニック・スタディーズ研究科においては，トーマス・ビオルシ(Thomas Biolsi)先生に受け入れ教員としてご指導やご助言を頂いた。改めて御礼申し上げたい。

　本著完成までには，2006年度から2008年度に日本学術振興会特別研究員DCとしての援助および科学研究費助成金(特別研究員奨励費)，2009年にアメリカ研究振興会(海外学会旅費援助)を受けた。また，北海道大学アイヌ・先住民研究センターに加えて，北海道大学GCOE「心の社会性に関する教育研究拠点」，北海道大学GCOE「境界研究の拠点形成」からもご支援を頂いた。

　そして，調査，研究に関するご理解を頂き，いつも応援してくださっている，パスクア・ヤキ・トライブ(Pascua Yaqui Tribe)の皆様にも厚く御礼申し上げたい。

　最後に，私のつたない文章を根気よく校正してくださった，北海道大学出

版会の滝口倫子氏に御礼申し上げたい。

  2011 年 9 月   水 谷 裕 佳

索　引

あ　行

アチャイ・タアッア　　x
アナサジ文化　　19
アメリカ・インディアン運動　　119-121
アロストゥック・バンド・オブ・ミクマック・トライブ　　31
移民　　103, 112-115, 157, 164
インディアン一般土地割当法　　9, 13
インディアン学校　　74, 107
インディアン局　　11, 15, 17, 23, 96, 107
インディアン再組織法　　8-9, 13, 74-75
インディアン市民権法　　9
エスニック・スタディーズ　　5-7, 157
オアハカ　　25, 46
オジブエ　　8

か　行

カスタネダ, カルロス　　49, 136-139
ガズデン購入　　27, 63, 73, 91, 96-97
仮面の踊り　　22
カリフォルニア大学バークレー校　　6
観光　　67-68, 71, 76, 79, 81-82, 85, 88-89
キカプー・トラディッショナル・トライブ　　28, 125
基礎名簿　　16, 24
教育　　116-118, 130, 158, 167
強制移住法　　29
キリスト教　　22, 91
グアダルーペ・イダルゴ条約　　63
血統　　10, 13-14, 16-17, 40, 124, 165
血統の度合い証明書　　15-16
研究に関する規則　　158-160
権利運動（メキシコ）　　125-128
工芸　　75

国勢調査　　163
国民芸術計画　　76
国立公園　　94-96
国家対国家　　8
国家歴史登録財　　150
国境　　8, 25-31, 40, 55, 58, 63, 95-96, 165
コーヘン基準　　10
コマンチ　　29
コリア　　9-10

さ　行

サザン・パシフィック鉄道　　65
サポテカ　　25, 40
鹿の踊り　　22
シナグア文化　　19
市民権　　9, 25, 116-117
手工芸学校　　74
人口　　23, 39, 104
新聞　　47, 49-53
ステレオタイプ　　7, 46-47, 55, 67, 85, 134
スナイダー法　　17
スーレム　　x
世界恐慌　　75, 106
セミノール　　29
ソノラ・シナロア灌漑社　　43-44

た　行

地域研究　　6
チェロキー　　16
チーフ・ロッキー・ボーイズ保留地チペワ＝クリー・インディアン・トライブ　　32
チョンタル　　25
テキサス・バンド・オブ・ヤキ・インディアン　　154
鉄道　　41, 65, 67-68, 70, 76, 82, 86, 91, 108-

109
トゥーソン　64-66, 82-83, 89, 103, 110
トオノ・オータム　26
土地　42, 122-124
トライブ憲法　158-159
トライブ政府　8, 148
トリキ　25

な　行

ナワ　21
入植および未開地の測量分割に関する法律　42
ニューエイジ運動　135-136, 139
認定　2
認定(個人)　13-14, 17, 18, 124, 152-153
　血統の度合い証明書　14, 155
認定(トライブ)　8, 11-12, 24-25, 30-31, 33, 124, 153, 166, 168

は　行

パウワウ　130-131
パタヤン文化　19
花　22
話す樹　x
汎インディアン運動　128
汎インディアン主義　130
汎インディアン的図像　132-134
万国博覧会　73, 75
文化人類学　7
米国インディアン運動　7

米国政府認定トライブ　8
米国先住民研究　5, 7
ホホカム文化　19-20
保留地　8-10, 28, 74
ポルフィリオ・ディアス　39-40, 42-43

ま　行

マソコバの戦い　49
マヤ　42, 45-46
マヨ　25, 48, 88
ミシテカ　25
ミヘ　25
メキシコ革命　39
メスカレロ・アパッチ　29
モゴヨン文化　19
モリス・ユーダル　125

や　行

ヤキ語　19
ヤキ銅山会社　54-55
ユカタン半島　44-46
ユト・アステカ語族　19

ら　行

ラグーナ・プエブロ　109
リエルの反乱　32
リチャードソン建設会社　43
連邦作家計画　77-78
労働　21, 44, 54, 57, 105-111, 116, 119

原語表記一覧

人　名

アシニウェイン(Asiniweyin)
　　→ロッキー・ボーイ
アルバニーズ(Catherine L. Albanese)
ウィーグル(Marta Weigle)
ウィリアムス(Ivan Williams)
ウィルソン(Andrew W. Wilson)
ウォヴォカ(Wovoka)
エリクソン,B(Bruce A. Erickson)
エルナンデス・ナバロ
　　(Luís Hernández Navarro)
オーツ(Joyce Carol Oates)
オルシ(Richard J. Orsi)
カスタネダ,カルロス(Carlos Castaneda)
カルデナス(Lázaro Cárdenas del Río)
キノ神父(Fr. Eusebio Francisco Kino)
ギュルレ(Jerry L. Gurulé)
キロガ,ビル(Bill Quiroga)
カヘメ(Cajeme)
クアウテモク・カルデナス
　　(Cuauhtémoc Cárdenas)
クウィン(Frederick Quinn)
グランツ(Dawn Glanz)
クリールマン(James Creelman)
クレイグ(Lee A. Craig)
ケラー(Robert H. Keller)
ケリー(Jane Holden Kelly)
ゲーリン(Pau E. Guerin)
ケント(Rolly Kent)
コナント(Carlos Conant)
コーヘン,フェリックス(Felix Cohen)
コラス(Thomas M. Kolaz)
コリア(John Collier)
コリンズ(William Collins)

ゴールドバーグ(Carole Goldberg)
ゴンサレス,マヌエル(Manuel González)
サバラ(Refugio Savala)
サンチェス(Joseph P. Sánchez)
サンドス(James A. Sandos)
ジャネットスキー(Joel C. Janetski)
シャーバン(Fuad Sha'ban)
シルコウ(Leslie Marmon Silko)
ストーン・チャイルド(Stone Child)
　　→ロッキー・ボーイ
ソチェット(Martha Singer Sochet)
ソニッチセン(Charles Leland Sonnichsen)
ターナー(John Kenneth Turner)
タウンセンド(William Cameron Townsend)
ダン(Graham Dan)
チアパ(Chiapa Moreno)
ティモシー(Dallen J. Timothy)
ディアス,ポルフィリオ(Porfilio Díaz)
ディルワース(Leah Dilworth)
デ・グラチア(Ted De Grazia)
デ・コロナド,フランシスコ・バスケス
　　(Francisco Vásquez de Coronado)
デスモンド(Jane C. Desmond)
テタビアテ(Tetabiate)
デロリア,P(Philip J. Deloria)
トゥーレック(Michael F. Turek)
ナック(Martha C. Knack)
バートレット(John R. Bartlett)
バレンシア,アンセルモ
　　(Anselmo Valencia)
バレンシア,H(Heather Valencia)
ビオルシ(Thomas Biolsi)
ヒッチェンス(Robert Smythe Hichens)
ピッツ(Wayne J. Pitts)
ビリャ,パンチョ(Pancho Villa)

ファイクス(Jay Courtney Fikes)
フサカミア(Juan Ignacio Jusacamia)
ブスメック(Erika Marie Bsumek)
ブライアント(Keith L. Bryant Jr.)
ブラウナー(Tara Browner)
ブラック(John A. Black)
フランカビグリア(Richard Francaviglia)
ブリッグス(Vernon M. Briggs)
プリンス(Herald E. L Prins)
ブレ,ホセ(José Bule)
ボーガン(Phoebe M. Bogan)
ホワイテーカー(Herman Whitaker)
マククラウド(Sean McCloud)
マターン(Mark Mattern)
マックリーン(Frank McLynn)
マンジョーネ(Jerre Mangione)
ミラー,M(Mark Edwin Miller)
メリアム(James Merriam)
モイセス(Rosalio Moisés)
ヤン(Philip Q. Yang)
ユーダル,モリス(Morris Udall)
ユーダル,ルイス(Louise Udall)
ユーダル,レビス(Levis Udall)
ラミレス,イズ(Iz Ramirez)
ラミレス,ドミンガ(Dominga Ramírez)
リチャード(Capt. H. M. M. Richards)
リチャードソン,ビル(Bill Richardson)
リトルフィールド(Alice Littlefield)
リトルフェザー,サッチーン・クルス
　　(Sacheen Cruz Littlefeather)
リエル,ルイ(Lois Riel)
ルーズベルト,F(Franklin Roosevelt)
ルスール(Geta LeSeur)
レイスラー(Mark Reisler)
ロッキー・ボーイ(Rocky Boy)

民族,トライブ名

アキメル・オータム(Akimel O'odham)
アニシナベ(Anishinaabe, Anishinabe)
　　→チペワ
アパッチ(Apache)
アローストック・バンド・オブ・ミクマッ
　　クス・トライブ
　　(Aroostook Band of Micmacs)
ウイチョル(Huichol)
オジブエ(Ojibwe, Ojibway)→チペワ
オジブワ(Ojibwa)→チペワ
カイオワ(Kiowa)
キカプー(英語表記 Kickapoo,スペイン語
　　表記 Kikapú)
キカプー・トラディッショナル・トライブ
　　(Kickapoo Traditional Tribe)
クリーク(Creek)
クロー(Crow)
サギノー・チペワ・インディアン・
　　トライブ・オブ・ミシガン(Saginaw
　　Chippewa Indian Tribe of Michigan)
サポテカ(Zapoteca)
スー(Sioux)
ズニ(Zuni)
セミノール(Seminole)
ダコタ(Dakota)→スー
タートル・マウンテン・バンド・オブ・チペ
　　ワ・インディアン(Turtle Mountain
　　Band of Chippewa Indians)
チェロキー(Cherokee)
チカソー(Chickasaw)
チーフ・ロッキー・ボーイズ保留地チペワ＝
　　クリー・インディアン・トライブ
　　(Chippewa-Cree Inians of the Chief
　　Rocky Boy's Reservation)
チペワ(Chippwa)
チョクトー(Choctaw)
チョンタル(Chontal)
テキサス・バンド・オブ・ヤキ・インディア
　　ン(Texas Band of Yaqui Indian)
トオノ・オータム(Tohono O'odham)
トリキ(Toriqui, Trique)
ナバホ(Navajo)
ナワ(Nahua)
パスクア・ヤキ(Pascua Yaqui)
ヒアキ(Hiaki)→ヤキ
マヨ(Mayo)
ミクマック(Mi'kmaq,もしくは Micmac)

原語表記一覧　　231

ミシテカ (Mixteca)
ミヘ (Mixe)
ミネソタ・チペワ・トライブ
　　(Minnesota Chippewa Tribe)
メスカレロ・アパッチ (Mescalero Apache)
メティス (Métis)
ヤキ (Yaqui)
ユマ (Yuma)
ヨエメ (Yoeme) →ヤキ
ラグーナ・プエブロ (Laguna Pueblo)
ラコタ (Lakota) →スー
リトル・ベアーズ・バンド
　　(Little Bear's band of Canadian Cree)

地　名

アコンチ (Aconchi)
アリゾナ (Arizona)
ウーンデッド・ニー (Wounded Knee)
[英国自治領] カナダ (Dominion of Canada)
オアハカ (Oaxaca)
オヒナガ (Ojinaga)
サカテカス (Zacatecas)
トゥーソン (Tucson)
バビアコラ (Baviácora)
ヒメネス (Jimenez)
プレシディオ (Presidio)
マグダレナ (Magdallena)
ラボック (Lubbock)
ロレンソ (Lorenzo)

その他

1917年移民法 (Immigration Act of 1917 [8 U.S.C. § 156 (c), 39 Stat. 874])
1921年緊急割当法 (Emergency Quota Act of 1921 [P.L. 67-5, 42 Stat. 5])
1924年移民法 (Immigration Act of 1924 [8 U.S.C. § 201, 43 Stat. 153])
1940年外国人登録法 (Allian Registration Act of 1940 [18 U.S.C. § 2385, 54 Stat. 670])
1948年難民法 (Displaced Persons Act of 1948 [P.L. 80-744, 62 Stat. 1009])
1950年国内安全法 (Internal Security Act of 1950 [P.L. 81-831, 64 Stat. 987])
1952年移民国籍法 (Immigration and Nationality Act of 1952 [P.L. 82-414, 66 Stat. 163])
1953年難民救済法 (Refugee Relief Act of 1953 [P.L. 83-203, 67 Stat. 400])
1962年移民および難民支援法 (Migration and Refugee Assistance Act of 1962 [P.L. 87-510, 76 Stat. 121])
1965年移民法 (Immigration and Nationality Act of 1965 [P.L. 89-236, 79 Stat. 911])

　　　　　　　＊

アステカ・ダンス (Aztec Dance)
アチャイ・タアッア (Achai Taa'a)
アナサジ (Anasazi) 文化
アリゾナ州立博物館 (Arizona State Museum)
アリゾナ歴史協会
　　(Arizona Historical Society)
インディアン一般土地割当法 (General Allotment Act [25 U.S.C. § 331 et seq., 24 Stat. 388])
インディアン衛生局
　　(Indian Health Service: IHS)
インディアン局
　　(Bureau of Indian Affairs: BIA)
インディアン局政府認定室 (Office of Federal Acknowledgement: OFA)
「インディアン局の問題」(The Problem of Indian Administration)
インディアン国勢調査名簿
　　(Indian census roll)
インディアン再組織法 (Indian Reorganization Act [P.L. 73-383, 48 Stat. 984])
インディアン裁判基金分配名簿 (Indian judgment fund distribution roll: Roll)
インディアン市民権法 (Indian Citizenship Act [P.L. 68-175, 43 Stat. 253])
インディアン・トライブ裁判基金の使用と配分法 (Indian Tribal Judgment Funds Use or Distribution Act [P.L. 93-134, 87 Stat. 466])

インディアン・ニューディール(Indian New Deal)→インディアン再組織法
ウィーラー・ハワード法(Wheeler-Howard Act)→インディアン再組織法
ウィンチェスター(Winchester)
エヒード(Ejido)
カサ・グランデ(Casa Grande)
ガズデン購入(Gadsden Purchase)
グアダルーペ・イダルゴ条約 (Guadalupe Hidalgo)
コーヘン基準(Cohen Criteria)
サザン・パシフィック鉄道 (Southern Pacific Railway)
サスカチュワン渓谷の反乱 (Saskatchewan Valley Rebellion)
サン・カィエンタノ・デ・カラバサス (San Cayetano de Calabazas)
サン・シャビエール・デル・バック (San Xavier del Bac)
サンタフェ・インディアン学校 (Santa Fe Indian School)
サンタフェ鉄道(Santa Fe Railroad)
サン・ベアー(Sun Bear)
サン・ホセ・デ・トゥマカコリ(San José de Tumacácori)→トゥマカコリ
シナグア(Sinagua)文化
シャーマン高校 (Sharman Indian High School)
スナイダー法 (Snyder Act of 1921 [42 Stat. 208])
スネークタウン(Snaketown)
スーレ(Sure)→スーレム
スーレム(Surem)
チロッコ・インディアン学校 (Chilocco Indian School)
テキサス・キカプー・バンド法(Texas Band of Kickapoo Act [P.L. 97-429, 96 Stat. 2269])
トゥマカコリ(Tumacacori)
ドーズ法(Dawes Severalty Act)→インディアン一般土地割当法
トライブ(tribe)

トライブ政府(Tribal Government)
[トライブの]基礎名簿(base roll)
ニュー・パスクア(New Pascua)
ネイティブ・アメリカン・ボタニックス社 (Native American Botanics)
ノースウェストの反乱 (North-West Rebellion)
パイン・リッジ(Pine Ridge)
パウワウ(powwow)
ハカタヤ(Hakataya)文化
パスクア(Pascua)
パスクア・ヤキ・トライブ越境権強化カード (Pascua Yaqui's Enhanced Tribal Card: ETC)
パタヤン(Patayan)文化
バンデラス(Banderas)
ビッグ ホーン・メディスン・ホイール(Bighorn Medicine Wheel)
ファースト・ネーション(First Nation)
フェルナンド・エスカレンテ博士記念図書館兼資料センター(Dr. Fernando Escalente Community Library & Resource Center)
フレッド・ハービー社(Fred Harvey)
フロッグ・レークの虐殺(Frog Lake Massacre)
ホホカム(Hohokam)文化
マソコバの戦い(Battle of Mazocoba)
ミルズ大学(Mills College)
メキシコ系米国人 (Mexican American, Chicano)
[メキシコの]先住民議会(Congreso Indîgena)
メシーリャ売却(Venta de Mesilla) →ガズデン購入
「メリアム報告書」(Meriam Report)
モゴヨン(Mogollon)文化
モンテスマ・キャッスル (Montezuma Castle)
ヤキ銅山会社(Yaqui Copper Company)
ユト・アステカ語族 (Uto-Aztec language family)
ヨエメン・テキア財団 (Yoemem Tekia Foundation)

ヨムムリ(Yomumuli)
ラテンアメリカ系米国人(Latino)
リエルの反乱(The Riel Rebellion)
リタラシーテスト(Literacy Test)
リッチー小学校(Richey Elemenbary School)
レッド・リバーの反乱
　　(Red River Rebellion)
レミントン(Remington)
ロス・サントス・アンヘレス・デ・ゲバビ
　　(Los Santos Ángeles de Guevavi)
ロック・アイランド鉄道(Rock Island Lines)
ロングホーン(Longhorn)
ワン・ドロップ・ルール(One Drop Rule)
　　　　　　　＊
強制移住法(Removal Act)
血統の度合い証明書(Certificate of Degree of Indian Blood: CDIB)
国定歴史建造物
　　(National Historical Monument)
国立歴史公園(National Historical Park)

国家対国家(nation to nation)
国家歴史登録財(National Register of Historic Places)
自決権(self-determination)
主流社会(dominant society)
先住民問題小委員会(House Subcommittee on Native American Affairs)
第三世界解放戦線
　　(Third World Liberation Front)
第三世界学部(Third World College)
入植および未開地の測量分割に関する法律
　　(Ley sobre Colonización y Deslinde de Terrenos Baldíos)
話す樹(Kutanokame)
汎インディアン主義(Pan-Indianism)
北米先住民教会(Native American Church of North America)
北方国境調査委員会(Comisión Pesquisidora de la Frontera del Norte)
臨時入国許可証(Parole)

水谷 裕佳（みずたに　ゆか）
2006年　カリフォルニア大学バークレー校エスニック・スタディーズ研究科客員研究員（〜2009年）。
2008年　上智大学外国語学研究科地域研究専攻博士後期課程単位取得退学。
2009年　博士（上智大学・地域研究）。
　　　　北海道大学社会科学実験研究センターを経て，
現　在　北海道大学アイヌ・先住民研究センター博士研究員。
専　攻　米国先住民研究・文化人類学。

主要業績

『米墨国境地帯における先住民の伝統と現代——パスクア・ヤキを事例として』（ILA シリーズ第29巻）上智大学イベロアメリカ研究所，2006年。

ほか

北大アイヌ・先住民研究センター叢書 2

先住民パスクア・ヤキの米国編入——越境と認定

2012年3月30日　第1刷発行

著　者　　水　谷　裕　佳
発行者　　吉　田　克　己

発行所　　北海道大学出版会
札幌市北区北9条西8丁目北大構内（〒060-0809）
tel. 011(747)2308・fax. 011(736)8605・http://www.hup.gr.jp/

アイワード/石田製本　　　　　　　　　　　　　Ⓒ2012 水谷裕佳

ISBN978-4-8329-6746-5

北大アイヌ・先住民研究センター叢書創刊の辞

　2005年12月に中村睦男・北海道大学総長(当時)は、これまでの北海道大学とアイヌ民族との歴史的経緯を踏まえ、民族の尊厳を尊重しつつ、アイヌをはじめとする先住少数民族に関する全国的・国際的な研究教育を実施することを北海道大学の「責務」であると宣言した*。

　アイヌ・先住民研究センターは、この宣言を踏まえ2007年4月に北海道大学の共同教育研究施設として設置された。当センターは、多文化が共存する社会において、とくにアイヌ民族をはじめとする先住民族に関する先端的な総合的・学際的研究を実施し、その成果に基づいて互恵的共生に向けた提言を行うとともに、日本における多様な文化の発展に寄与することを目指している。当センターの活動に当たっての基本方針は「アイヌ民族との協同」であって、最高決定機関であるセンター運営委員会にアイヌ民族の参加を得ており、各種の事業もアイヌ民族とともに実施することを原則としている。

　北大アイヌ・先住民研究センター叢書は、このようなセンターの研究成果及びそれに基づく提言等を関連分野の専門家の吟味に供するととともに、広く社会に問うことを目的として創刊された。この二つを両立させることは容易ではないが、アカデミックな批判に耐えられない言説は空虚であり、国民の耳に届かない言説は無意味であろう。

　国内における先住民族をどう位置づけているかが、その国のマジョリティの成熟度を示す指標の一つであることは、2010年にバンクーバーで開催された冬期オリンピックの開会式の例を引くまでもなく明らかであろう。ようやく2008年にアイヌ民族を先住民族であると認め、2009年7月に内閣官房長官に提出された「アイヌ政策のあり方に関する有識者懇談会」報告書によって総合的先住民族政策の展開に向けて踏み出した日本社会がより一層成熟していくために、当センターも本叢書の刊行を通じて貢献することができれば、望外の喜びである。

　　2010年3月　　　北海道大学アイヌ・先住民研究センター長　常本照樹

　*「前総長ステートメント」http://www.cais.hokudai.ac.jp/statement.html

〈北大アイヌ・先住民研究センター叢書1〉
アイヌ研究の現在と未来　　北海道大学アイヌ・先住民研究センター 編　A5判・358頁　定価3000円

〈北大アイヌ・先住民研究センター叢書2〉
先住民パスクア・ヤキの米国編入
――越境と認定――　水谷裕佳 著　A5判・248頁　定価5000円

〈価格は消費税を含まず〉

―― 北海道大学出版会 ――

書名	著者	判型・頁数・定価
知里真志保 ―人と学問―	北海道大学北方研究教育センター編	四六・318頁 定価3400円
日本植民地下の台湾先住民教育史	北村嘉恵著	A5・396頁 定価6400円
北方を旅する ―人文学でめぐる九日間―	北村清彦編著	四六・278頁 定価2000円
近代北海道とアイヌ民族 ―狩猟規制と土地問題―	山田伸一著	A5・512頁 定価7000円
近代アイヌ教育制度史研究	小川正人著	A5・496頁 定価7000円
アイヌ絵を聴く ―変容の民族音楽誌―	谷本一之著	B5・394頁 定価16000円
アメリカ・インディアン史〔第3版〕	W.T.ヘーガン著 西村頼男・野田研一・島川雅史訳	四六・338頁 定価2600円
アメリカの国立公園法 ―協働と紛争の一世紀―	久末弥生著	A5・240頁 定価2400円
コリャーク言語民族誌	呉人惠著	A5・398頁 定価7600円

――――北海道大学出版会――――

定価は税別